江南文化研究论丛·第一辑
主　编　田晓明
副主编　路海洋

学术支持
苏州市哲学社会科学界联合会
苏州科技大学城市发展智库
苏州大学东吴智库
苏州科技大学文学院

本丛书获苏州市社科基金项目出版资助

江南文化研究论丛·第一辑

主编 田晓明
副主编 路海洋

百馆之城：苏州博物馆文化品牌传播研究

戴西伦 著

苏州大学出版社
Soochow University Press

图书在版编目(CIP)数据

百馆之城：苏州博物馆文化品牌传播研究 / 戴西伦著. —苏州：苏州大学出版社，2022.12
（江南文化研究论丛 / 田晓明主编. 第一辑）
ISBN 978-7-5672-4186-2

Ⅰ.①百… Ⅱ.①戴… Ⅲ.①博物馆-品牌-文化传播-研究—苏州 Ⅳ.①G269.275.33

中国版本图书馆 CIP 数据核字（2022）第 241206 号

书　　名 /	百馆之城——苏州博物馆文化品牌传播研究
	BAIGUAN ZHICHENG
	——SUZHOU BOWUGUAN WENHUA PINPAI CHUANBO YANJIU
著　　者 /	戴西伦
责任编辑 /	肖　荣
装帧设计 /	吴　钰
出版发行 /	苏州大学出版社
地　　址 /	苏州市十梓街 1 号
邮　　编 /	215006
电　　话 /	0512-67481020
印　　刷 /	苏州市深广印刷有限公司
开　　本 /	787 mm×1 092 mm　1/16　印张 9.5　字数 156 千
版　　次 /	2022 年 12 月第 1 版
印　　次 /	2022 年 12 月第 1 次印刷
书　　号 /	ISBN 978-7-5672-4186-2
定　　价 /	45.00 元

图书若有印装错误，本社负责调换
苏州大学出版社营销部　电话：0512-67481020
苏州大学出版社网址　http://www.sudapress.com
苏州大学出版社邮箱　sdcbs@suda.edu.cn

文化抢救与挖掘：人文学者的历史使命与时代责任
——"江南文化研究论丛"代序

田晓明

世间诸事，多因缘分而起，我与"大学文科"也不例外。正如当年（2007年）我未曾料想到一介"百无一用"的书生还能机缘巧合地担任一所百年名校的副校长，也从未想到过一名"不解风情"的理科生还会阴差阳错地分管"大学文科"，而且这份工作一直伴随着我近二十年时间，几乎占据了我职业生涯之一半和大学校长生涯之全部。我理解，这也许就是人们常说的缘分吧！

承应着这份命运的安排，我很快从既往断断续续、点点滴滴的一种业余爱好式"生活样法"（梁漱溟语：文化是人的生活样法）中理性地走了出来，开始系统、持续地关注起"文化"这一话题或命题了。尽管"文化"与"大学文科"是两个不同的概念，但在我的潜意识之中，"大学文科"与"文化"彼此间的关联似乎应该比其他学科更加直接和密切。于是，素日里我对"文化"的关切似乎也就成了一种偏好、一种习惯，抑或说是一种责任！

回眸既往，我对"文化"的关注大体分为两个方面或两个阶段：一是起初仅仅作为一名普通读书人浸润于日常生活、学习和工作中的碎片式"体悟"；二是2007年之后作为一名大学学术管理者理性、系统且具针对性的理论思考和实践探索。

作为20世纪80年代初期的大学生，我们这一代人虽然被当时的人们羡称为"天之骄子""时代宠儿"，但我们自个儿内心十分清楚，我们就如同一群刚刚从沙漠之中艰难跌打滚爬出来的孩子，对知识和文化的追求近乎如饥似渴！有人说：在没有文学的年代里做着文学的梦，其灵魂是苍白的；在没有书籍的环境中爱上了读书，其精神是饥渴的。我的童年和少年就是在这饥渴而苍白的年代中度过的，平时除了翻了又翻的几本连环画和看了又看的几部老电影，实在没有太多的文化新奇。走进大学校园之后，图书馆这一被誉为"知识海洋"的建筑物便成为我们这代人日常生活和学习的主要场所,而且那段生活和学习的时光也永远定格为美好的记忆!即便是现在,偶尔翻及当初留下的数千张读书卡片,我内心深处仍没有丝毫的艰辛和苦楚,而唯有一种浓浓的自豪与甜蜜的回忆!

如果说大学图书馆(更准确地说是数以万计的藏书)是深深影响着我们这代读书人汲取"知识"和涵养"文化"的物态载体,那么,伴随着改革开放在华夏大地上曾经涌起的一股强劲的"文化热",则是我们这代人成长经历中无法抹去的记忆。20世纪80年代,以李泽厚、庞朴、张岱年等为代表的一大批学者,一方面对中国传统思想文化展开了批评研究,另一方面对西方先进思想文化进行学习借鉴,从而引导了文化研究在改革开放以来再次成为社会热点。如何全面评价20世纪80年代的那股"文化热",这是文化研究学者们的工作。而作为一名大学学术管理者,我特别注意的是这股热潮所引致的一个客观结果,那就是追求精神浪漫已然成为那个时代的一种风尚,而这种精神浪漫蕴含着浓郁的人文主义和价值理性指向。其实,这种对人文主义呼唤或回归的精神追求并不只是当时中国所特有的景致。

放眼世界,由于科学主义、工具理性的滥觞,人文社会科学日渐式微,人文精神也日益淡薄。而这种人文学科日渐式微、人文精神日益淡薄现象最早表现为大学人文学科的边缘化甚至衰落。早在20世纪60年代,国际学术界尤其是大学人文社会科学界就由内而外、自发地涌起了"回归人文、振兴文科"的浪潮。英国学者普勒姆于20世纪60年代出版的《人文学科的危机》,引发了欧美学界尤其是人文社会科学界的广泛关注和热烈讨论;美国学者罗伯特·维斯巴赫针对美国人文学科的发展困境发表感慨:"如今的人文学科,境遇不佳,每况愈下,令人束手无策","我们已经失去其他领域同事们的尊敬以及知识大众的关注";乔·古尔迪曾指出,"最近的半个世纪,整个人文学科一直处于危机之中,虽然危机在每个国家的表现有所不同";康利认为,美国"20世纪60年代社会科学拥有的自信心,到了80年代已变为绝望";利奥塔甚至宣称"死掉的文科";等等。尽管学者们仅仅从大学学科发展之视角来探析人文社会科学的式微与振兴,却也从另一个侧面很好地反映出人类社会所遭遇的人文精神缺失和文化危机的现象。

在这样的大背景下,中国人文社会科学也不例外。作为一名大学学术管理者和人文社会科学研究者，我从未"走出"过大学校门，对大学人文精神愈益淡薄的现状也有极为深切的体会，这也促使我反复思考大学的本质究竟是什么。数年之前，我曾提出了自己对这一问题的认识：在归根结底的意义上，大学的本质就在于"文化"——在于文化的传承、文化的启蒙、文化的自觉、文化的自信、文化的创新。因为脱离了文化传承、文化启蒙、文化创新等大学的本质性功能，人才培养、科学研究和社会服务都会成为无源之水、无本之木，而大学的运行就容易被视作简单传递知识和技能的工具化活动。从这一意义上说，大学文化建设在民族文化乃至人类文化传承、创新中拥有不可替代的重要地位甚至主要地位。换言之，传承、创新人类文化应该是大学的历史使命与责任担当。

对大学本质功能的思索，也是对大学人文精神日益淡薄原因的追问，这一追问的结果还是回到了文化关怀、文化研究上来。由于在地的原因，我对江南文化和江南文化研究有着较长时间的关注。提及江南文化，"江南好，风景旧曾谙。日出江花红胜火，春来江水绿如蓝，能不忆江南"，"江南可采莲，莲叶何田田"，"人人尽说江南好，游人只合江南老"，"忽听春雨忆江南"，"杏花春雨江南"等清辞丽句就会自然而然地涌上我们的心头，而很多人关于江南的文化印象很大程度上也正是被这些清辞丽句所定义。事实上，江南文化是在"江南"这一自然地理空间中层累发展起来的物质文化、精神文化的总称。

从历史上看，经过晋室南渡、安史之乱导致的移民南迁、南宋定都临安等一系列重大历史事件，江南在中国文化中的中心地位日益巩固，到了明清时期，江南文化更是发展到了它的顶峰。近代以来，江南文化也并未随着封建王朝的崩解而衰落，而是仍以其强健的生命力，在中西文化冲突与交融的大背景下，逐渐形成了兼具传统性与现代性的新江南文化。在这个意义上，我们所说的江南文化，既是历史的，也是现代的，既是凝定的，也是鲜活的，而其中长期积累起来的优秀文化传统，已经深深融入江南社会发展的肌体当中。如果再将审视的视野聚焦到江南地区的重要城市苏州，我们便不难发现，在中国古代，苏州是吴文化的重要发祥地之一，也是江南文化发展的一个核心区域，苏州诗词、戏曲、小说、园林、绘画、书法、教育、经学考据等所取得的丰厚成就，已经载入并光耀了中华传统文化史册；在当今，苏州也仍然是最能体现江南文化特质、江南文化精神的名城重镇。

我们今天研究江南文化，不但是要通过知识考古的方式还原其历史面貌，还要经由价值探讨的方法剔理其中蕴涵的文化传统、文化精神及其现代价值与意义，更要将这些思考、研究成果及时、有效地运用于现实社会生活，从而真正达成文化的传承、弘扬与创新。

其实，世界上最遥远的距离并不在天涯海角之间，也不是马里亚纳海沟底到珠穆朗玛峰巅，而在于人们意识层面的"知道"与行为表达的"做到"之间。所幸无论在海外还是在本土，学界有关"回归人文、振兴文科"的研讨一直没有中断，政府的实践探索活动也已开启并赓续。2017年美国希拉姆学院率先提出"新文科"概念，强调通过"跨学科""联系现实"等手段或路径摆脱日渐式微的人文社会科学困境。如果说希拉姆学院所言之"新文科"是一种自下而上的、内生型的学界主张，那么我国新近提出的"新文科"建设则具有鲜明的中国特色。作为一名长期从事文科管理的大学办学者，我也深有一种时不我待的紧迫感和"留点念想"的使命感！十多年以来，无论是在苏州大学还是在苏州科技大学，我都是以一种"出膏自煮"的态度致力于大学文科、文化校园和区域文化建设的：本人牵头创办的苏州大学博物馆，现已成为学校一张靓丽的文化名片；本人策划、制作的苏州大学系列人物雕塑，也成为学校一道耀眼的风景线；本人策划和主编的大型文化抢救项目"东吴名家"系列丛书和专题片也已启动，"东吴名家"（艺术家系列、名医系列、人文学者系列等）相继出版发行，也试图给后人"留点念想"；本人在全国高校中率先创办的"苏州大学东吴智库"（2013年）和"苏州科技大学城市发展智库"（2018年）先后获得江苏省哲学社会科学重点研究基地和江苏高校哲学社会科学重点研究基地，且跻身"中国智库索引"（CTTI），本人也被同行誉为"中国高校智库理论思考和实践探索的先行者"……

素日里，我也时常回眸来时路，不断检视、反思和总结这些既有的工作业绩。我惊喜地发现，除了自身的兴趣和能力，苏州这座洋溢着"古韵今风"的魅力城市无疑是这些业绩或成就的主要支撑。随着文化自信被作为中华民族伟大复兴历史梦想的重要组成部分而提出、强调，在理论和实践层面实施中华优秀传统文化传承发展工程已经成为国家的一项重要发展战略。勤劳而智慧的苏州人对国家发展战略的响应素来非常迅速而务实，改革开放以来,他们不仅以古典园林的艺术精心打造出苏州现代经济板块,而且以"双面绣"的绝活儿巧妙实现了中国文化和世界文化的和谐对接。对于实施中华优秀传统文化传承发展工程的国家发展战略,苏州人也未例外。2021年苏州市发布了《"江南文化"品牌塑造三年行动计划》,目的即在传承并创造性转化江南优秀传统文化,推动苏州文化高质量发展,进一步提升城市文化软实力和核心竞争力。《"江南文化"品牌塑造三年行动计划》拟实施"十大工程",以构建比较完整的江南文化体系,而"江南文化研究工程"就是其中的第一"工程"。该"工程"旨在坚守中华文化立场,传承江南文化,加快江南历史文化发掘整理研究,阐释江南文化历史渊源、流变脉络、要素特质、当代价值,推动历史文化与现实文化相融相通,为传承弘扬江南文化提供有力的学术支撑。

为助力苏州市落实《"江南文化"品牌塑造三年行动计划》,我与拥有同样情怀和思考的好友路海洋教授经过数次研讨、充分酝酿,决定共同策划和编撰一套有关江南文化研究的系列图书。在苏州市哲学社会科学界联合会大力支持下,我们以"苏州科技大学城市发展智库""苏州大学东吴智库"为阵地,领衔策划了"江南文化研究论丛"(以下简称"论丛")。首辑"论丛"由9部专著构成,研究对象的时间跨度较大,上起隋唐,下迄当代,当然最能代表苏州文化发展辉煌成就的明清时期以及体现苏州文化新时代创新性传承发展的当代,是本丛书的主要观照时段。丛书研究主题涉及苏州审美文化、科举文化、大运河文化、民俗文化、出版文化、语言文学、工业文化、博物馆文化、苏州文化形象建构等,其涵括了一系列能够代表苏州文化特色和成就的重要论题。

具体而言,李正春所著《苏州科举史》纵向展示了苏州教育文化发达史上很具辨识度的科举文化;刘勇所著《清代苏州出版文化研究》横向呈现了有清一代颇为兴盛的出版文化;朱全福所著《"三言二拍"中的大运河文化论稿》以明代拟话本代表之作"三言二拍"为着力点,论述了其中涵纳的颇具特色的大运河城市文化与舟船文化;杨洋、廖雨声所著《明清苏州审美风尚研究》和李斌所著《江南文化视域下的周瘦鹃生活美学研究》,分别从断代整体与典型个案角度切入,论述了地域特性鲜明的"苏式"审美风尚和生活美学;唐丽珍等所著《苏州方言语汇与民俗文化》,从作为吴方言典型的苏州方言入手,分门别类地揭示方言语汇中包蕴的民俗文化内涵；沈骅所著《苏州工业记忆：续篇》基于口述史研究理念，对改革开放以来的苏州工业历史作了点面结合的探研；艾志杰所著《影像传播视野下的苏州文化形象建构研究》和戴西伦所著《百馆之城：苏州博物馆文化品牌传播研究》，从文化传播维度切入，前者着眼于苏州文化形象建构的丰富路径及其特点的探研，后者则着力于苏州博物馆文化品牌传播内蕴的挖掘。

据上所述，本丛书的特点大体可以概括为十六个字：兼涉古今、突出典型、紧扣苏州、辐射江南。亦即选取自古以来具有典型意义的一系列苏州文化论题，各有侧重地展开较为系统的探研：既研究苏州文化的"过去时"，也研究苏州文化的"进行时"；研究的主体固然是苏州文化，但不少研究的辐射面已经扩展到了整个江南文化。丛书这一策划思路的宗旨正在于《"江南文化"品牌塑造三年行动计划》所说的使苏州"最江南"的文化特质更加凸显、人文内涵更加厚重、精神品格更加突出，从而提升苏州在江南文化话语体系中的首位度和辐射力。

诚然，策划这套丛书背后的深意仍要归结到我对大学本质性功能的体认，我们希望通过这套可能还不够厚重的丛书，至少引起在苏高校人文社会科学类教师对苏州文化、江南文化、中国传统文化传承与创新的重视，希望他们由此进一步强化对自己传承、创新文化这一历史使命与时代责任的认识，并进而从内心深处唤回曾经被中国社会一定时期疏远的人文精神、人文情怀——即便这套丛书只是一个开始。

目 录

001 绪论

003 第一节　研究缘起
005 第二节　研究现状及文献综述
007 第三节　研究对象
008 第四节　研究思路与方法
009 第五节　研究创新性

011 第一章　博物馆文化空间与城市文化

013 第一节　博物馆与城市文化传承传播
015 第二节　作为文化地标的博物馆
019 第三节　博物馆对城市文化的赋能
024 第四节　城市文化对博物馆品牌的提升

027 第二章　苏州博物馆品牌发展历史

029 第一节　萌芽：中华人民共和国成立后
032 第二节　涌现：改革开放后
034 第三节　发展：21世纪

037 第三章　"百馆之城"理念与博物馆分类

039 第一节　"百馆之城"理念初探

042　第二节　国内公共文化场馆发展模式借鉴
048　第三节　苏州"百馆之城"发展现状

051　第四章　博物馆科技与数字化传达

053　第一节　数字化装置导览
056　第二节　界面交互式观览
061　第三节　新技术沉浸式体验
064　第四节　苏州博物馆（西馆）的视听跨界呈现

071　第五章　基于社交媒介的博物馆品牌传播

073　第一节　社交媒介的包容性与多样性
082　第二节　图文类媒介传播分析
094　第三节　影音类媒介传播分析

101　第六章　博物馆文创产品的消费与品牌传播

103　第一节　不同类型博物馆文创产品发展形态
106　第二节　文创产品中的符号意义与表达
110　第三节　博物馆创意文化消费品牌与塑造

117　第七章　文旅场景中的博物馆品牌传播

119　第一节　从博物馆体系到城市文旅融合
121　第二节　博物馆品牌与城市形象
125　第三节　"百馆之城"与城市认同

129　结语　江南文化中的"百馆之城"博物馆

135　参考文献

绪论

第一节　研究缘起

随着现代城市与社会的发展，在探讨城市经济发展之余，城市文化的发展也越来越受到人们的关注。城市文化的发展与城市文化空间的构建既关系着城市文化脉络的延续与传承，也时刻影响着城市对创意阶层群体的吸引力。"创意阶层"的概念最早由美国学者理查德·弗洛里达（Richard Florida）提出，是指在创意经济的背景下，具有个性化、精英化、多样性与包容性的群体，这一群体不仅对推动城市的创新社会文化与经济发展有着巨大动力，而且兼顾着城市创意型文化生产与创意型文化消费。比如，硅谷所在的美国旧金山湾区便有效吸引了创意阶层群体。在国内，在2020年11月《文汇报》关于中、外居民眼中的上海城市印象调研中，97%以上的国外游客与本地居民对"上海是国际文化大都市"表示认可，并对上海的电影院、博物馆、国际艺术节活动的数量与质量表示满意与认可。建立并发展能有效吸引创意型人才的生态体系是一个有机的整体，而其中创意性活动的举办与环境的营造可以有效促使创造力萌芽与发展，并促使创新成果转化甚至形成经济效益。因此，对于创意性活动的推动与氛围的营造，包括电影院、博物馆、美术馆、音乐厅等形式在内的城市公共文化空间和场所的建构显得尤为重要。其中，博物馆基于其深厚的文化内涵、城市发展的时代性记录特征、文旅发展中的重要地位、作为城市景观的存在意义等，成为城市文化空间的重要组成部分。博物馆既可作为供市民观赏的物理存在实体，甚至是城市地标性的符号，又可作为供市民交流对话的城市公共场所，有利于加强市民对城市的文化认同感与身份认同感。

然而，国内对于博物馆与城市文化的研究更多地停留在以单一的城市标志性博物馆为研究对象的层面上，如北京的故宫博物院、上海的上海博物馆，从而使得同在一城中的许多各具特色的博物馆淡出了大众的视野，退出了学术研究的领域，进而使得有名的更有名、不知名的更不知名，循环往复，加剧了研究的单一化程度。例如，在谈及苏州的博物馆时，人们首先想到的便是苏州博物馆。苏州博物馆因其建筑而闻名海内外，但很多人并不知晓苏州还有超过百家博物馆，这些博物馆也从不同视角承载着苏式记忆。因此，在苏州推动"江南文化"品牌塑造三年行动计划、苏州市委宣传部与苏州市文化广电和旅游局（以下简称"苏州文旅局"）于2021年1月发布"一城百馆、博物苏州"博物馆"百馆之城"文化品牌推广之际，笔者对苏州百家博物馆的文化品牌传播进行了研究分析，该研究分析对促进苏州"百馆之城"的发展、挖掘多元苏式民俗文化、促进城市多样化的文化空间的传播与城市文化自觉的发展，具有理论意义与实践价值。

  本研究以"百馆之城——苏州博物馆文化品牌传播研究"为题，对苏州百家博物馆的文化品牌构建进行分类、归纳，以多层次、多维度的传播方式和传播途径进行解读分析，在探寻国内外知名博物馆的文化品牌传播模式之余，挖掘苏州本土非知名博物馆文化品牌的发展特色，并进行博物馆间多样化的文化品牌传播的对比分析。在对各类博物馆进行分析的基础上，对苏州构建"百馆之城"博物馆体系跨空间合作的方式与路径进行探寻，并对苏州"百馆之城"名录中的代表性本土博物馆的后续发展提出一些建议，为苏州"百馆之城"文化品牌传播的建设和发展提供学术视角的支持。

第二节 研究现状及文献综述

从国外相关领域的研究来看，对于城市与博物馆文化的研究，主要从宏观与微观两个视角进行。从宏观视角来看，多以探讨城市中博物馆的角色演化为主，如从博物馆场所至大众娱乐场所的转变，这类研究多以欧洲城市与地区学科为主；也有学者从博物馆作为城市公共文化记忆的角度出发，以诸如"9·11"事件之类的标志性事件为例进行分析探讨。从微观视角来看，多从博物馆中不同功能分区空间、不同类型展品的角度进行阐释，如从种族主义视角对城市博物馆中的"白人至上"观念、种族歧视、空间与艺术品做出分析，以及通过审视博物馆空间内的体验与教学，对成人观众和儿童、青少年的体验进行研究。上述两个视角都在博物馆学与城市文化研究的细分领域有一定的积累，但没有从对城市中多家博物馆的联系与系统性文化品牌建构的角度进行过多基于学术层面的研究。

而国内有关博物馆文化的研究起步较晚，且内容多与博物馆建筑设计、非物质文化遗产保护、不同类型博物馆发展转向研究有关，相关研究大多发表在博物馆学研究领域的刊物上。近年来，与城市文化、公共文化有关的研究逐渐增多，研究内容大致分为两类：一是高屋建瓴式地对博物馆与城市文化和文化空间的发展进行研读，或者以对博物馆行业的发展探讨为主，不具象于某个城市或某家具体博物馆；二是以代表性地区的博物馆为具体案例，探讨城市文化空间发展与博物馆文化发展之间的关联，其中，对国外知名地区的博物馆的研究占了一定的比例。有学者试图从空间生产视角分析了英国的博物馆发展文化和旅游的关系，总结出了博物馆与当地社区文化之间的协调关系、博物馆物理展厅场景化创新发展的必要性、博物馆内体验类活动将促进文化资本生产与消费。[1] 该研究只是简单概述，并没有对英国的博物馆的场馆内部、符号及空间内的互动做出详细的阐释，只是点到为止，需要进行更深层次的挖掘。而在对国内博物馆的研究中，学者们热衷于对以故宫为代表的博物馆品牌传播进行研究，从传统传播策略、基于社交媒体的传播转向等角度进行分析。这些研究顺应时代变化和技术发展，记录了从互联网1.0至2.0时代博物馆的发展，对笔者研究博物馆数字化传播有着借鉴意义。 但这类研究只局限于单一的博物馆对象，忽略了对更多的且已经出现的基于社交网络数字化平台的同城博物馆之间的交往互联研究。也有学者从城市空间变化与历史文化记忆视角探讨首都博物馆由实体转向数字博物馆的必要性，[2] 但对已存在的实体博物馆原有文化品牌的优化及首都博物馆与北京众多博物馆或将形成的博物馆圈层之间的交往，仍然缺乏关注。在北京于2021年国际博物馆日正式宣布由国家文物局、北京市人民政府共建"博物馆之城"战略合作的大趋势下，馆际的勾连作用与整座城市的文化空间发展研究或将获得更多关注。还有学者从博物馆内不同媒介技术类型的使用角度分析不同媒介技术在博物馆文化传播活动中的不同作用，[3] 从技术分析视角对博物馆文化空间做出了新的解读，为笔者后续关于博物馆文化空间的分析研究提供了新的视角。

---

[1] 陈怡宁，李刚. 空间生产视角下的文化和旅游关系探讨：以英国博物馆为例 [J]. 旅游学刊，2019（4）：11-12.
[2] 孙权. 北京都市空间与历史文化记忆：数字时代的首都博物馆 [J]. 华南师范大学学报（社会科学版），2019（2）：24-30，191.
[3] 王夏歌，林迅. 时空建构与时空渗透：论博物馆文化传播的媒介技术逻辑 [J]. 艺术百家，2020（5）：55-60，126.

第三节 研究对象

本研究以苏州的博物馆文化品牌传播为对象。对博物馆这类文化单位而言，因其特有的文化资源与文化意义，对其品牌传播的研究将指向公众参观博物馆的体验与感知，通过传播的方式将文化资源与文化场馆建设的思想意义表达出来。因此，本研究将从苏州 102 家博物馆的文化品牌传播与整个城市所构成的博物馆体系的文化品牌传播两大方面构建总体框架，以博物馆文化空间发展中迫切需要解决的问题为切入点，借鉴国内外知名的、不同级别的、不同类型的博物馆的发展经验，揭示博物馆不同文化品牌传播方式与路径的发展特点，总结模式和经验，从中探寻博物馆文化品牌传播发展的普遍规律与特殊现象，以为城市文化品牌体系下苏州各类型博物馆品牌传播的优化发展提供经验为最终目标。

第四节　研究思路与方法

首先，本研究将对博物馆文化空间与城市文化的相互作用与影响进行宏观概述，结合国内外著名博物馆与城市文化发展的成功案例进行分析。同时，在对苏州"百馆之城"博物馆文化空间进行系统概述之余，基于苏州市委宣传部与苏州文旅局给出的博物馆百馆名录，根据博物馆学相关理论，对102家博物馆进行归类，按其功能、观众群体、知识标准等进行梳理和分类，挑选出各类别的代表性博物馆进行分析。

其次，通过资料搜集、实地考察、深度访谈等质性研究方法，依托品牌传播理论，对代表性博物馆的文化品牌建设现状进行剖析，从博物馆自身的定位（包括展览、活动）、场馆空间的建设（包括博物馆的外在空间与内部展厅分区）等角度加以观察，并对一些存在的问题进行探讨。然后，对博物馆内部收藏品、展厅等空间的数字技术使用、基于新媒体的数字化传播、博物馆文创产品的衍生进行探讨，旨在对博物馆的文化品牌传播进行深度解读。

再次，从博物馆与博物馆、博物馆与城市文旅产业、博物馆与城市三个维度探讨苏州"百馆之城"博物馆文化品牌的跨空间传播与合作。

最后，在结语中对博物馆与苏州的城市认同及与江南文化之间的联结进行探讨，包括从地域文化的传播展示与话语建构、苏州城市文化与苏州民俗文化的文脉传承等角度进行研究。

在从多维度品牌传播视角进行分析的基础上，综合运用多学科的研究方法，以传播学相关理论、文化产业相关理论为基础，建立多层次的研究模型。同时，结合典型地区的实践经验，寻找开放性、差异性的发展路径并提出建议。

第五节 研究创新性

博物馆文化品牌在数字技术、受众需求、博物馆行业发展、城市本土文化与外来文化碰撞等因素的影响下，处于不断探索和发展的阶段，新问题、新情况层出不穷。随着科技的发展以及人们对博物馆文化与城市文化的探索逐渐加深，文化品牌传播的概念和内涵也在不断扩展。2021年，北京市人民政府与国家文物局共同签订的构建"博物馆之城"战略合作协议，预示着城市与博物馆、城市间不同类型博物馆文化的相互勾连与对城市文化的"反哺"势必将成为新的发展趋势，有文化积淀与博物馆资源的城市将迫切需要对城市中博物馆文化品牌的体系性建设与联结进行挖掘。但是目前，相关领域的研究速度还没有跟上政府发布各种战略合作协议的速度，很多问题制约着城市博物馆文化品牌之间的联系，需要进一步探索。本研究将借助实地考察获取的第一手资料，基于现实情况进行依托品牌传播理论的分析，将深挖有关城市文化、品牌传播的理论，希望能够为博物馆文化品牌传播的持续发展提供智力支持。

虽然苏州抢先一步于2021年年初发布了博物馆"百馆之城"品牌建设发展规划，但就苏州102家分布于不同地区、涉及不同类别的博物馆，如何切实根据各自特色优化博物馆自身多维文化场馆与文化品牌传播方式，并使城市的博物馆间产生联系，尚未提出解决方案。因此，本研究将基于对上述博物馆的实地考察进行资料搜集，从传播的多维视角分析博物馆文化品牌建设存在的问题，探讨并总结博物馆文化品牌传播发展的优势与劣势等，为博物馆文化品牌传播与发展提供建议；融入国际视野，参考并借鉴西方国家城市文化传播与博物馆文化品牌管理的优良经验，为苏州博物馆文化品牌传播体系的转型升级和创新发展提供建议。希冀本研究能对苏州"百馆之城"文化品牌传播的建设与发展提供学术视角的支持。

第一章 博物馆文化空间与城市文化

博物馆不仅体现了一个地区的文化内涵和精神面貌，而且承载着一个地区的历史过往，具有传承文化的使命。博物馆文化是人类文明发展到一定阶段的产物，一个城市的博物馆天然地记录并追踪着这个城市在历史长河中发展与演进的历程。在悠久漫长的历史篇章中，博物馆肩负起了一定的社会责任，从记录历史到专设教育职能，为城市的文化发展默默助力。如今，博物馆如雨后春笋般蓬勃发展，这也标志着人类文明的不断成熟和进步。

进入21世纪，文化的发展已成为一个国家软实力的象征，博物馆建设也受到社会各界的关注。在现代城市的建设进程中，博物馆的建设规模、文化内涵等更是成了城市间暗自比拼软实力的重要内容。博物馆作为城市名片、城市"客厅"，其所具备的文化传承、文化宣传等功能，也开始与政治、经济一样深刻影响着城市的发展，其存在的价值更高，承担的社会责任也更多，对城市文化的高质量发展有十分重要的现实意义。从世界范围来看，几乎有城市的地方就有博物馆。对许多城市而言，知名博物馆往往是游客热衷的"打卡点"之一。当下，博物馆正从软实力建设的边缘不断被推向中心。事实上，全球博物馆都在寻找自身的新角色、新责任和新期望，致力于提升城市软实力，产生长期效应。

随着全球经济和城市文化的不断发展，很多城市开始加大对博物馆的设计和扩建投入，使当代博物馆不仅为城市增添了一份活力，还为城市的文明注入了灵魂。博物馆所代表的城市文化底蕴也越来越成为一个城市有效吸引各阶层人才的重要影响因素甚至是决定性因素。城市文化氛围的营造与文化空间的拓展将对人才的定居抉择产生极大影响，因而博物馆与城市的发展将联系得更加紧密。

第一节　博物馆与城市文化传承传播

博物馆收藏着一个城市过去的记忆，为传承社会文明和城市历史文化打下了坚实基础。同时，相关科研人员对文物的科学研究又能将文物知识传播于当世、传承于后世。现代人从这些研究中能不断学到保护文物的知识，并且从根源上了解这个城市和这个城市富含的文化知识。一个城市在建设发展进程中，从文化景观到历史街区，或者是从文物古迹到地方民居等都会产生众多的城市记忆。大量的物质或者非物质文化遗产都是一个城市文化价值的重要体现，博物馆可以将这些记忆储存下来，起到文化传承的作用。从历史文化角度来说，博物馆不仅体现了一个地区的文化内涵和精神面貌，还承载着一个地区的历史过往，文化意义斐然。可以说，博物馆承担着传承历史文化和发扬民族精神的重要使命，为城市历史文化的传承提供了良好的平台。

当代博物馆的类型多种多样，有艺术类、历史类、藏品类及科技类等，其中都收藏了无数的珍贵藏品，这些藏品象征着文明的进程，更代表着当地文化的发展。例如，著名的中央革命根据地历史博物馆记载着我国爱国主义教育的发展历程，是我国爱国主义文化宣传的重要组成部分，可以说，历史文化的传播需要依靠博物馆的对外宣传策略。而博物馆的宣传工作会随着时代的变迁产生一定的变化，但在变化的同时，要保持藏品的"原汁原味"，符合历史唯物主义的观点。20世纪80年代后期，国家推动博物馆藏品文化保护行动，要求有关工作人员加大对博物馆藏品的历史还原及正确解析，保证藏品文化的良性发展，切实做到正确引导人民的历史文化价值观。每一个城市都有自己难以忘怀的珍贵历史，都有值得颂扬的今日荣光，也都有让人期盼的美好明天。能够把城市的昨天、今天、明天以陈列的方式，巧妙、有机地联系在一起，使人们能够生动、直观地看到和了解自己所处的城市，从而激发人们的家国情怀，并努力为城市的发展添砖加瓦，正是博物馆的使命与义务。

以北京为例，北京的博物馆在回望历史、反映当代、展望未来的使命担当中具有典型意义。北京周口店北京人遗址博物馆是保存50万年前北京地区人类活动遗迹的著名博物馆。其地理位置也具有特殊意义。该博物馆坐落于当年考古发掘的施工现场原址，如今已经成为开展人类学教育的基地。为了更生动地展现当年的历史风貌，周口店北京人遗址博物馆利用现代技术形象、逼真地再现了古人类奋斗拼搏、顽强不屈、繁衍生息的生动场景，用大量珍贵的文物展示了人类不断发展进化的艰难历程，提供了北京地区最早的人类活动的真实例证。在全球更具知名度的北京故宫博物院是在明、清两朝皇宫——紫禁城的基础上建立的。紫禁城建成于1420年，距今已有600多年的历史。1925年，紫禁城被辟为故宫博物院，占地72万平方米，既是世界上现存规模最大、最完整的木结构建筑群，也是世界上最大的以古代皇宫为馆址的博物馆。馆内珍藏中国历朝珍贵文物180余万件，是中国古代优秀文化最为灿烂的瑰宝。故宫博物院以最为完整的原状复原陈列的方式，向观众展示了中华民族建筑艺术巅峰佳作的宏伟气势与内部结构布局装饰的严整华美，完整地保留了北京作为中国古代最后一个封建王朝皇城的历史原貌，使之成为人们了解中国封建社会发展历程和北京历史的绝佳课堂。

博物馆在普及科学文化知识的同时，也会经常以展览的方式为观众描绘社会发展进步的前景。北京市规划展览馆正是这样一家将过去、现在与未来有机联系在一起、全景式反映北京城市建设发展全貌的博物馆。该馆以珍贵、独特的历史文献资料呈现了北京城市建设的宏伟历史画卷，也真实地记录了当代人在现代城市发展建设与古城历史风貌保护方面的不断探索，最终形成科学理念的漫长过程。展览中最吸引观众的是北京城市建设的远景规划。该规划与党中央对北京的城市功能定位、北京广大人民群众对生活质量不断提升的需求紧密结合，为北京城市建设发展的未来绘制了一幅大美蓝图。北京的博物馆由于在数量、质量、类型等诸多方面具有明显优势，为履行牢记历史、发展当代、憧憬未来的社会职责和义务创造了得天独厚的条件，形成了完整的知识链条。

第二节　作为文化地标的博物馆

"文化景观"的概念源于文化地理学,是指经由人类活动而在自然环境基础上形成的景观。向公众提供文化产品和公共文化服务的博物馆,对于一定区域而言,不仅是文化景观的重要组成部分,而且在更好地构建文化景观方面承担着不可推卸的责任。

博物馆是征集、保护、研究和传播人类社会物质及非物质文化遗产的特定空间,通过将其所拥有的资源与社会共享,在现代社会生活和文化中扮演着非常重要的角色。不仅如此,博物馆还可以依托自身资源的特殊性,成为多功能地提供社会公共文化服务的场所,传承和弘扬人类文化,并将人类优秀文化成果渗透到教育、科学、旅游等领域,成为"第二课堂"、科学源泉和旅游热点,让公众通过参观体验,自然而然地获取艺术、哲学、历史等方面的知识。我国的博物馆自2008年实现向公众免费开放以来,各级政府对于博物馆建设的投入力度与之前相比大幅提升。一方面,我国博物馆的影响力和辐射力不断增强;另一方面,社会对于博物馆的公益性、专业性和均等性的期待也不断提升。虽然不同的博物馆在藏品数量、收藏定位和规模大小等方面有所差别,但作为人类文化遗产的传承场所的性质并无不同。当然,在21世纪,博物馆正悄然从把公众当作知识、文化的教育对象向把公众作为平等交流的主体积极转变。

作为所在区域文化景观有机组成部分的博物馆,其藏品势必承载着一定地理空间的历史和文化,即使是博物馆建筑本身,也能够折射出所在区域或城市的某些品位和特征。作为文化景观的一部分,博物馆可以让公众了解这一特定景观发展的脉络和内涵。在城市和区域中,重要博物馆在公众眼中的形象往往会成为文化地标,这一观点已被社会广泛接受。据《中国青年报》的调查显示,67.7%的受访者认为博物馆是本地的文化标志,是培养公众故乡认同感的基地。博物馆成为城市文化地标的实例在国内外有很多，国内的如苏州博物馆之于苏州、故宫博物院之于北京，国外的如卢浮宫之于巴黎、大英博物馆之于伦敦，等等。此外，博物馆还应该如故宫博物院前院长单霁翔所提倡的，努力成为"城市客厅"，让这一文化地标不仅名副其实，还能被广大公众充分利用和享受，潜移默化地影响一代又一代市民，成为城市文化记忆的源泉和文化创新的动力。作为所在区域文化景观构建主力的博物馆，要发挥能动性和更多的作用，这就需要在博物馆与所在地公众之间搭建起沟通的桥梁并建立起和谐的互动关系，让博物馆成为所在地公众寻求精神财富、提高文化素养和体验休闲娱乐的理想去处。对任何一家博物馆而言，其所在地的公众都是享受博物馆服务和推动博物馆发展的重要力量。

这里以苏州博物馆西馆（以下简称"西馆"）为例。西馆的对外开放意味着继贝聿铭在15年前设计的苏州博物馆后，又一家具有里程碑意义的博物馆于2021年落地苏州。西馆运营的第一年，除因新冠疫情及例行的闭馆外，共开放240天，总计接待观众约74万人次。从地域构成上来看，74万观众中省内观众占比高达82%，其中，苏州本地观众占比约72%，省外地区中则以上海、浙江、安徽等周边地区的观众占比较高。相比较而言，同一时期的苏州博物馆本馆观众中，省内观众约占31.5%，其中，苏州本地观众占比10.5%，省外观众中安徽、河南、山东等地的观众较多，可见西馆服务本地及周边地区居民的功能更为显著，充分体现了西馆作为城市公共文化生活空间的重要作用。从参观频次上来看，"潜在回头观众"——一年中参观至少两次的占比近11%，经常来馆参观的"回头观众"——参观三次以上的占比约8.5%，这反映出西馆具备较强的观众黏性与社会认可度。[1]

西馆与位于苏州姑苏区的苏州博物馆遥相呼应，作为苏州城市文化的重要载体，成为长三角的重要文化地标。西馆定位明确，与苏州博物馆错位协调发展，是对苏州博物馆功能板块的重要拓展，以苏州历史陈列与苏作工艺展览为特点，是对苏州历史文化全貌的展览，成为解读苏

---

[1] 长三角时讯. 苏州博物馆西馆一年成绩单 [EB/OL]. (2022-10-14) [2022-11-05]. http://www.xmds.org.cn/62918398c24cd0200fb11b0677eb4739-50439/844faf669a6268ddafa14adf88444afe.html.

州城市历史文化的关键支撑,并以此为基础,推出了主题丰富、形式多元化的特展。例如,围绕历史文化,与大英博物馆合作推出为期一年的"罗马:城市与帝国"展览,策划"天下惟宁:汉代文明的四张面孔"展览,两个展览"同馆而坐",不仅开启了"世界文明"和"中国古代文明"两个系列展览的序幕,也奠定了西馆观照古今中外、促进人类文明对话的重要基调。围绕古代书画,策划"春到江南 盛世姑苏——《乾隆南巡图》特展",举办"书画苏州——馆藏历代书画特展",以书画为媒介讲述苏州过去的故事,呈现本土文化传统。围绕现当代艺术,汇集当代艺术家作品,举办"糸——已知·未知的互文""色彩的探索:法国当代绘画展",利用更为自由的展厅空间,呈现不同维度的艺术语言,创造别具一格的审美体验,讲述艺术创作的传承、交流与发展。围绕苏作工艺,举办"苏韵流芳"——第二届青年手工艺展暨大赛,将地域范围扩大到苏、锡、常,为更多优秀的青年手工艺者提供更加广阔的平台。

除此之外,西馆还设置了面向青少年的体验馆,力求加强对公共教育领域的开拓,成为苏州各级学校教育和社会教育以外的重要补充。博物馆拥有极为丰富的教育资源,在社会及城市文化建设中占据极为重要的地位。较之于专业化的教育,博物馆的文化教育具有社会性、辅助性、休闲性及业余性等特点,与学校教育形成差异,不拘泥于书本,而是寓教于乐,既没有严格的学习时限,也没有苛刻的知识考核,却可成为学校教育的延伸和拓展,为学校教育和文化传播提供更好的场所和资源,属于学校开展"第二课堂"的最佳场所。比方说,学校可和博物馆建立合作关系,定期带领学生参观博物馆,将博物馆中的资源与学科知识有机融合,给学生传输多方面的文化知识,拓宽学生的知识面,提高学生学习的积极性,并且可通过实地体验,加深印象,促进知识的内化。基于上述考量,西馆在建筑理念上充分参考了传统苏式生活元素,借鉴了苏州富有烟火气息的街巷里弄,将建筑群设计为边长约25米的立方体,这样的建筑体量和传统小体量的东吴民居相呼应,契合了以历史为内涵的博物馆特质,试图通过建筑本身的沉浸式体验,唤起人们对于传统民居之间的窄巷小道的回忆。在板块内容上,设置"我的姑苏城""金色童年"等板块,将苏州的历史文化、科技人文知识等融入展示设计与互动体验中,以"主题型"展教结合的方式,让青少年观众在探究学习中激发想象力和创造力。为充分发挥探索体验馆的功能,苏州博物馆特设"教育引导员"岗位,负责日常维护和依据展项的课程开发工作。目前,依据展项开发、实施的课程,即"探索@苏州博物馆"系列课程包括音乐、折纸、七巧板、阅读、角色扮演、考古体验等多项活动,一年来已举办超百余场。

第三节　博物馆对城市文化的赋能

在现代都市空间中，博物馆通过空间占位实现了对文化知识和历史记忆的专业化保存与知识内容的再生产，通过这一方式抵御着日常生活冲刷下人们对城市历史乃至人类历史的自然性遗忘，凝聚着现代社会的共同记忆。部分代表性博物馆甚至对所在城市的现代都市空间的结构与形塑，都能够起到推波助澜的作用，使城市借由博物馆这一承载着时空交织的媒介，与市民进行群体与个人、真实与想象、文化与时空的多维对话。

一个地方博物馆的诞生历史、馆内空间与展览内容的演化是观察该地所属群体文化空间存在的重要角度。目前，业内外对博物馆评估的一项共性指标是观众数量，这一指标的数据具有易获取、易解读的特性，并且可以用于博物馆之间的对比分析中。如果到访观众数量，尤其是外地游客数量剧增，则博物馆对于城市的短期效应就会被放大。20世纪七八十年代的新博物馆学运动，促使博物馆从以"物"为中心转变到以"人"为中心，包括博物馆在内的文化机构，其核心作用不仅在于知识、收藏品及相关研究的传播，而且被赋予了将博物馆的知识及藏品所处的空间与体验经济相结合的新使命，揭示了文化机构从"空间中的生产"转向"空间本身的生产"的必要性。以美国大都会艺术博物馆（以下简称"大都会博物馆"）为例，大都会博物馆始建于1870年，是美国最大、全球顶级的综合博物馆之一。历经152年，大都会博物馆仍在持续打造一个"全球城市"中的"全球博物馆"，与时俱进地谱写博物馆和城市共发展的故事。虽然城市教育和创新价值的提升通常只能在中长期内显现，并且难以用具体的数据进行量化，但博物馆和其他文化资产一样，对建立认同感、培养人格和态度、激发创造力等非常关键，这些因素对于社会经济与文化发展都至关重要。事实上，对博物馆提升所在城市软实力的评估，也存在延迟效应的问题，但延迟并不代表不存在，反而预示着更为可持续发展的长久力量。[1]

随着现代社会的建设发展及城市化进程的不断加快，我国城市在建设过程中的规模与水平也逐渐体现出一个区域的综合实力。要想让市民对城市产生归属感，共同参与到城市的建设与治理中，就需要给予市民一个精神坐标，让一个城市不再停留于功能化城市的发展目标上，而是更加人性化。同时，城市建设过程中的有形历史建筑及无形文化传统、生活习俗等也需要保护，需要将其留存以充盈市民的精神生活。如今，新时代的人们不仅需要时代气息，而且需要深厚的"文化底气"，将城市发展演变的历史收藏于博物馆中可以最大限度地维系乡土情结，展示城市的特有形象。

一、建筑文化

每一个城市从形成之初到后续的发展过程中都会产生无数的精神和物质文明成果，为了能够留存住这些成果，博物馆应运而生。其集聚了一个城市的历史文化遗产，或是文物，或是文献，等等，向人们展示着这个城市的荣辱兴衰，可以说博物馆在城市文化建设中起着重要的作用。而特色陈列又是重要载体，以特色陈列彰显城市历史也是博物馆促进城市文化建设的根本途径。各大博物馆的文物对于城市文明的记录、保留和传承的功能也在博物馆的建设中得到了体现。例如，在河北博物院新馆区，正是以独具特色的精品文物组成十大常设陈列来展现该地区的文化，使其成为河北特色的文化品牌的。《战国雄风——古中山国》《大汉绝唱——满城汉墓》是陈列的宣传重点，其中，有燕国九鼎八簋、金缕玉衣、博山香炉、中山神兽等文物，闪烁着历史的光芒和古人的智慧，向人们展示了古时燕赵大地的雄伟风姿。因此，一个城市文化的发展最重要的就是其历史文化的积淀与传承。

我国许多博物馆年代久远，历史意义丰富。博物馆中通常收藏着宝贵的历史文化遗产，这些博物馆不乏一些具有年代感和时代感的建筑风格，特别是一些历史博物馆或遗址博物馆，都是历史遗留下来的、具有极高的艺术文化价值和建筑文化价值的载体，如中国的故宫博物院及各类名人故

---

[1] 郑奕. 博物馆提升城市软实力研究[J]. 东南文化，2019（4）：121-128.

居等，既见证了几千年的历史变迁，也经历了多年的风霜洗礼，每一处裂痕和缺失都代表着一段难忘的历史。这些建筑很多都保留着最原始的审美艺术和文化内涵，具有极高的欣赏价值。同时，这些建筑风格对城市建筑也具有一定的影响。很多国家在建筑风格上都保留着一定的历史元素和民族元素，如俄罗斯的教堂建筑就是沿袭了传统的建筑风格及艺术元素，从而成为这个国家的标志。每个城市都具有一定的历史沉淀和文化背景，在建筑风格上自然也有所不同，因此，博物馆为城市建筑文化提供了借鉴。

二、文/商旅文化

随着社会经济的不断发展，人们的物质生活也在不断提高，人们在物质需求得到满足的同时，也在不断追求精神需求的满足，在此背景下，旅游业逐步发展起来，旅游文化应运而生。旅游业的发展也带动了一个地区的文明发展，其中，博物馆便为城市旅游文化提供了历史资源。如今，一家家博物馆"拔地而起"，并引起人们的广泛关注，为旅游业提供了更多的人文资源。尽管博物馆不在旅游业范畴之内，但其丰富的历史资源和丰富的历史文物收藏，仍然吸引着全球各地的游客慕名而来。因此，博物馆的建筑风格要与当地旅游文化相辅相成，根据旅游业及游客的观赏需求，增添适当的文化内涵，提高博物馆的服务水平，使城市文化在博物馆的衬托下，闪耀璀璨的光芒。

随着汽车、高铁、轮船、飞机等便捷、高效的交通运输工具的出现和普及，旅游业也逐步兴起。这不但加强了不同国家、不同地区之间的沟通与交流，而且还极大地促进了不同国家、不同地区之间经济文化的融合与发展。逐步成熟与完善的旅游产业，已经成为很多地区和城市的重要收入来源，甚至成为支撑城市经济的核心产业。欧美地区是世界上最早进入现代化发展阶段的发达地区，这些地区的许多著名城市都是能吸引大量游客的旅游胜地。这些城市大多拥有令世人瞩目的世界级博物馆。这些博物馆不但是城市文明程度的显著标志，更为这些城市创造出巨大的社会效益和经济效益，从而极大地增强了城市活力。例如，英国伦敦的大英博物馆、法国巴黎的卢浮宫、美国纽约的大都会博物馆、俄罗斯莫斯科的国家历史博物馆等，每年都会吸引成千上万的游客前往参观。这些博物馆在展示人类文明成果,传播、普及科学文化知识的同时,也为所在城市带来了巨大的经济效益,从而极大地增强了城市发展建设的活力和动力。

博物馆中陈列的文物、标本等珍贵的科学研究资料,都具有极高的科学研究价值,为城市科学研究工作者的研究工作提供了更多的便利条件。科学研究工作者在博物馆中能找到需要的资料并加以研究、开发,从而将这些文物、标本的价值发挥到最大。例如,某社会科研单位为研究某一项目,直接或间接地利用博物馆文物,如陈列品、图片、书籍及各项研究记载等开展科研工作。另外,博物馆加强与一些科研单位之间的合作,互相分享研究成果,这样的"互通互助"不仅为博物馆开展科研工作创造了条件,而且为科研单位的研究工作提供了更多的便利,促进了科研项目顺利开展。

博物馆虽不等同于传统意义上的娱乐休闲场所,但也具有一定的娱乐休闲功能。当今社会倡导"创新"和"资源整合",娱乐与文化之间也可以进行互通。娱乐文化将视觉、听觉等多种感官结合,如著名的故宫博物院,运用技术手段,还原了故宫建筑,可为游客提供视觉等多种娱乐体验。除此之外,我国还有许多类似的博物馆。在这些博物馆中,还收藏着精美的藏品和工艺品,这些都能给人带来一种感官上的享受和精神上的快乐。其中所蕴含的文化内涵和丰富知识也是对游客精神的洗礼,使人们产生精神上的快乐,从而带动城市娱乐文化的发展,为市民提供精神的"伊甸园"。例如,某科技馆或地质博物馆在假期对游客免费开放,游客在这里不仅能学到一些科技方面的知识,而且通过"地震""静电"等体验,获得感官上的认识,极大地丰富了自身的知识储备,这不失为一项趣味横生的学习体验。

数字博物馆就是利用数字技术对文物(包括可移动文物和不可移动文物)的信息进行采集、存储和加工,并通过网络连接和相关技术协议,实现对文物信息的资源共享、有效利用和科学管理,为用户提供数字化的展览展示、教育培训、游戏娱乐、科学研究、辅助决策等服务,是实体博物馆之外的功能延伸。从上述定义不难看出,数字博物馆的建设主要是利用先进的科学技术及信息技术手段。如今,不少博物馆已经利用计算机技术、物联网技术、通信技术实现了博物馆的数字化展览。在此基础上,如何借数字化的宣传延伸城市文化传播的空间,也是当前博物馆在发展过程中要着力探索的重要课题。目前，博物馆为游客提供的信息服务不断完善，游客可以利用手机、平板电脑等在任何时间、地点得到自己需要的展览信息、档案资料、服务内容及最新的研究成果，这不仅突破了实体博物馆所必需的建筑空间与参观时间等时空条件的限制，还能够让博物馆传递更深层次的信息，使博物馆成为人们生活中"没有围墙的博物馆"。通过多样化的数字导览服务，比如，在展厅内配备集声音、图像、文字、视频等于一体的多媒体设备，游客能更快地了解陈列的内容，借助知识链接、模拟游戏、文物影院等还能够实现博物馆与游客的互动交流，激发游客的参观兴趣，对游客起到直接教育的作用。例如，河北博物院中的陈列《大汉绝唱——满城汉墓》就借助数字技术将场景还原，使得游客能够身临其境地感受汉代的风光。同时，该博物院还在展厅入口处模拟墓室情境，引导游客参观地下宫殿——刘胜墓，对墓室结构、布局及随葬品的分布也进行了直观还原。故宫博物院和南京博物院的数字化建设也在逐步完善，如故宫博物院开发的《走进〈清明上河图〉》数字展示项目，利用声音和画面还原画中的社会环境和人物对话等，将这一历史画卷立体地展示给游客，使得游客的审美需求得到了较大的满足。

第四节　城市文化对博物馆品牌的提升

公元前 280 年，世界上第一家博物馆于古埃及诞生。1905 年，南通博物苑的建成标志着我国第一家本土博物馆的出现。然而，此后由于战乱，民众的需求长期停留在吃饱穿暖的温饱层面，且知识文化仍为少部分精英阶层所涉及，没有普及大众，所以即便我国人口众多，在中华人民共和国成立前夕，我国也只有 21 家博物馆。随后，以博物馆为首的公共文化场馆建设得到大力推进。博物馆数量的激增为城市的文化旅游资源提供了基础性保障与深度挖掘的空间。对城市而言，城市中的博物馆数量与多元化程度彰显着城市的文化品位与格调，其不仅能够创造可观的文化经济效益，还可以作为软实力的象征，提升整个城市的文化知名度乃至文明程度。

以北京为例，这个城市拥有数个世界文化遗产，不仅是我国的政治中心，也是享誉世界的文旅城市。而博物馆是北京尤为突出的文化资源之一。北京的博物馆涵盖了历史、艺术、科技、军事、天文、地理、文学、戏剧等众多学科门类，北京是中国大城市中博物馆类型最为丰富的。"截至 2020 年，北京的博物馆总量已达 197 余座，居全国首位。中国国家博物馆、故宫博物院、中国美术馆、中国科技馆、中国农业博物馆、中国人民革命军事博物馆等一大批大型博物馆与散布于各处的各类中小型博物馆有机结合，优势互补，共同构成了北京城市博物馆建设规划布局，充分发挥博物馆在城市旅游市场中的巨大资源优势。据 2019 年数据统计，全年来京旅游总人数达到 3.22 亿人次，其中，有相当一部分游客是为参观博物馆而来的。"[1]丰富多元的博物馆资源成了北京文旅资源与产业的重要组成部分。对于其他经济发展相对落后、城市定位相对较低的地区或城市，以博物馆为代表的文旅资源开发也可以成为一个新的突破口。

---

[1] 杨文英. 论博物馆在城市建设发展中的功能与作用 [J]. 博物院，2021（3）：89-94.

随着经济全球化的不断演进,全国各个地区都在寻求不同的切入口以带动本土经济高速发展。中国地大物博且文化具有多样性,依托这一优势,文化特征显著的地区或城市可以博物馆建筑与文化内涵形成特有的经济效应。基于各地区地理位置的差异、民族风情的不同,各地区的博物馆文化和建筑风格应别具一格。这些风格各异,兼具艺术性、肃穆感,或古朴或恢宏的博物馆建筑,有助于带动周边的文化消费,进而使博物馆品牌与城市文化相互促进、协同发展。据统计,博物馆建筑与商业文化融合带来的高经济,位于全国经济类目的前十位。

综上所述,博物馆作为文化历史的结晶,见证着人类文明的进步和发展,既是城市文化景观、城市公共文化建设中不可或缺的组成部分,也是城市历史文化传承的必要基础,在文化输出与输入的过程中,有助于满足市民的历史文化丰富需求,为市民提供精神文化乐园。博物馆依托其独特的文化馆藏,可以有效形成博物馆品牌,构建城市的专属文化印记,传递城市的文化身份认同符号,同时能与城市商业文化相辅相成,创造文化经济效益。

第二章 苏州博物馆品牌发展历史

博物馆具有文物收藏、学术研究、陈列展示、公众教育、社区服务等职能，应当主动扮好地域文化的收藏者、展示者、研究者、教育宣传者、交流者的角色，保护好馆区内和馆区外、物质和非物质文化遗产，留住城市的历史和文化，提升城市文化内涵和吸引力。博物馆是城市的公共文化建筑，在内部空间上往往满足展示陈列空间、库房、研究区域等的专业要求，在外部形象上更是体现着文化性和独特性，这也使得世界上很多城市中的博物馆成为地标性建筑，展现着城市的独特魅力。

苏州"百馆之城"品牌建设计划始于2021年年初，为了更有效地发挥苏州这座拥有2 500多年历史的古城里丰富多元的博物馆资源，满足各年龄段、各类社会群体的文化生活、文化消费需求，苏州市政府助推苏州"百馆之城"品牌打造，构建互联网时代下的江南文化品牌。为了更好地溯源苏州博物馆的品牌发展历史，本章将在博物馆作为我国公共场馆的发展历史进程中寻觅苏州"百馆之城"名录中的博物馆踪影。

第一节　萌芽：中华人民共和国成立后

"博物馆"的概念源自西方，随后传入中国。在中华人民共和国成立前后，博物馆在我国有了具体的场所表现。要了解苏州博物馆品牌发展历史，首先要对博物馆的概念与发展进行一番梳理，进而可以在其发展的历史长河中，更好地寻觅到苏州"百馆之城"名录中众多博物馆的身影。

最早的博物馆为古埃及的亚历山大博物馆（Mouseion of Alexandria）。"博物馆"的初始概念由"Mouseion"这一词语演化而来，该词语几乎囊括了现代社会主要的文化教育机构，包括大学、研究院、图书馆、档案馆和收藏室。可见，古典的"博物馆"概念指的是广泛而集中地进行科学援救和知识传播、具有高度综合性的文化殿堂。到文艺复兴时代，这一概念又重新回到人们的生活中：首先出现在意大利佛罗伦萨美第奇家族的收藏中，继而又被用来称呼第一家近代意义的博物馆，即牛津大学阿什莫林博物馆（Ashmolean Museum）。在此之后，"博物馆"（Museum）成了一个固定的、具有独特内涵的名称。而这一转变，"已经不再具有古典社会那种极度丰富、广泛的内涵和高度综合性的特征。随着近代社会文化和学术活动的发展与分化，原来博物馆中的各种机构纷纷从母体中分离，成为专门的独立建制"[1]。学术研究与讲课授课的空间场所被"大学"（University）的概念取代，储存图书资料与文件档案的空间部分为"图书馆"（Library）和"档案室"（Archives）所代替。这样一来，"博物馆"成了专指用于收藏、研究和展出对人类智慧发展具有价值的物品的场所。"我们现在看到的博物馆定义，是 1974 年在哥本哈根召开的第十一届国际博物馆协会为博物馆制定的：博物馆是一个不追求营利，为社会和社会发展服务的，公开的

---

[1] 严建强，梁晓艳. 博物馆（MUSEUM）的定义及其理解 [J]. 中国博物馆，2001（1）：18-24.

永久性机构。它为研究、教育和欣赏,对人类和人类环境的见证物进行收集、保护、研究、传播和展览。"[1]

  在"博物馆"的定义中,博物馆具备的科学研究和知识教育功能,得到了各国的共识,但是关于设计和欣赏,美国与欧洲国家的态度存在显著差异。美国在20世纪70年代为"博物馆"所下的定义是:一个有组织的,保管并利用事物,定期向公众展出,以教育和审美为主要目的永久性非营利机构。这里审美被赋予了崇高的地位。日本的博物馆法明确,在考虑教育性的情况下,博物馆需要向一般公众开放,为提高国民修养、调查研究等开展必要的事业,同时对搜集的资料进行调查研究。而我国对"博物馆"的定义,包括国家文物局出版的系列论著中,在将博物馆定位为文化教育事业或社会教育机构时,都没有包含这方面的内容。[2] 中世纪,博物馆的所有权模式经历了从私人经营的收藏所向公共博物馆转变的社会进程。古代形态的博物馆就其本质而言主要是满足上流社会和知识精英的需求,与一般民众生活并不会产生很大的关联。产业革命和资产阶级政治运动从根本上改变了这个局面。1683年,牛津大学阿什莫林博物馆向社会开放。随后,大英博物馆和卢浮宫也相继向社会开放,这标志着公共博物馆时代的来临。推动早期公共博物馆发展的,还有18世纪欧洲学术团体的大发展。最早的有1650年在意大利佛罗伦萨由美第奇家族建立的"实验研究会"。这类学会大多建立了自己的收藏地,对其收藏进行整理、研究,并向公众开放。这些原先只是为自己的研究需要建立的收藏地,后来成为公共博物馆产生的重要条件。[3]

  外国殖民主义者在中国创办博物馆大约始于19世纪中期。1868年,法国神父韩伯禄(Pierre Heude)在上海徐家汇建立震旦博物院(亦称"徐家汇博物院"),主要收藏中国植物标本,也收藏东南亚等地物产标本,但不对外开放。1874年,英国皇家亚洲文会华北分会在上海建立亚洲文会博物院,内设考古、动植物、古生物、地质等组,长期搜罗我国秦汉古物、甲骨、石器等文物。1904年,法国人在天津设立华北博物院。1922年,法国

---

[1] 严建强,梁晓艳. 博物馆(MUSEUM)的定义及其理解[J]. 中国博物馆,2001(1):18-24.
[2] 严建强,梁晓艳. 博物馆(MUSEUM)的定义及其理解[J]. 中国博物馆,2001(1):18-24.
[3] 严建强. 现代化与世界博物馆运动[J]. 中国博物馆,1994(2):79-83.

传教士桑志华在天津建立北疆博物院，两年后开馆展览。北疆博物院，原名"黄河白河博物馆"，收集有中国北方各省及西藏东部等地的动物、植物标本和化石、矿石等，也收藏了有关考古学、民俗学方面的文物和资料。此外，该博物馆还通过交换的方式收藏了部分国外的自然标本，并组织有关专业人员对部分藏品进行研究，发表了相当数量的文章，在国际学术界产生了一定的影响。北疆博物院一直延续到 1947 年才停止开放。中国对于近现代博物馆的认识与接受是一个渐进的过程。1842 年鸦片战争结束后，中国不得不开放国门与世界沟通，交流与学习西方的文化、科学技术和物质文明。此时的西方博物馆已经成为工业文明的展览者和传播者，也是中国人了解西方和世界的重要窗口。

最早关于苏州地区博物馆的记载，出现在描述文人墨客生活的文章中。话雨楼是王楠及其儿子王鲲（号旭楼）、孙子王致望的居所。话雨楼位于吴江盛泽敦仁里，由王楠之父王濂建造。据《话雨楼碑帖》记载，当时的文人许桱曾给予高度评价，称"吴江之盛泽有贤者曰王旭楼先生，好古而能守。江以南，推收藏之富且久，必曰王氏话雨楼"[1]。王旭楼祖父王濂酷爱收藏，凭借自己雄厚的财力，创建了话雨楼。收藏之余，文人墨客喜爱交流，王濂特地邀请了当时著名的大鉴赏家、书画家——来自浙江的张庚进行品鉴。王楠自小受书画鉴赏熏陶，在这种文化艺术氛围下长大，为鉴赏古代金石文字、书画等文物打下了良好的基础。王楠子承父业后，"博学嗜古，花重金搜罗前代的金石文字数千种。上自商周彝器，下至清代石刻，话雨楼的收藏到了鼎盛时期。王楠频交金石书画名家，赏析金石收藏，话雨楼中留下了许多名人题跋，话雨楼更是声名远播"[2]。"话雨楼的兴盛经历了王氏三代人的传承，从金石碑刻的收藏，到史料文献的问世，其鲜明的传承脉络体现了话雨楼所负载的家学传统。"[3]话雨楼不仅是江南文人日常生活的物质场所，也是家学传统储存的文化空间。

---

[1] 褚德彝题跋《话雨楼碑帖》[EB/OL].（2021-05-31）[2022-11-05]. http://www.hollypm.com.cn/Search/LotShow.aspx?AID=88210.
[2] 俞琼. 张廷济的一件手迹[J]. 收藏家，2013（5）：53-54.
[3] 唐莉. 清代江南乡镇文人集群与诗歌总集研究：以苏州府为中心的讨论[D]. 苏州：苏州大学，2018.

第二节 涌现：改革开放后

中华人民共和国成立前，大城市中留下的为数不多的16家博物馆，以及8家由外国人创立的博物馆，由于战乱动荡，大多陷入瘫痪或停摆状态，如何对半殖民半封建性质的博物馆进行接管与改造，成了当时的重中之重。各地政府相继成立了专属职能管理机构，对遗留的博物馆进行接管。同时，政府颁布了《关于征集革命文物的通知》，各省市积极响应号召，成立文物征集机构，对外流的文物进行征集。对于建立新博物馆，文化部也给予明确指示，发布了《对地方博物馆的方针、任务、性质及发展方向的意见》，指出省市博物馆应具备当地性与综合性的属性，以当地的自然资源、历史发展脉络、民主建设进程三大板块为区分进行展示陈列，博物馆展陈内容充分与地方紧密结合。[1] 在政府与政策的大力推动下，20世纪50年代涌现出一批省市级、地区级博物馆以及纪念性博物馆。

改革开放以来，国家高度重视文化事业的发展，先后兴建了许多博物馆，使我国的博物馆事业进入兴盛时期。全国各地许多部门、行业陆续建立不同类型、不同体制、不同学科的博物馆，如中国农业博物馆、中国煤炭博物馆、中国茶叶博物馆、南通纺织博物馆等。2008年，中共中央宣传部（以下简称"中宣部"）、文化和旅游部（以下简称"文旅部"）等四部委联合下发《关于全国博物馆、纪念馆免费开放的通知》，这是迄今为止世界上规模最大的博物馆免费开放行动。2016年，全国注册登记博物馆总数达到4 873家，比2015年度增加了181家。其中，文物系统博物馆数量达到2 818家，是1949年的134倍。全国免费开放博物馆4 246家，占全国博物馆总数的87.1%。[2] 大量的新馆建设和

---

[1] 文化部文物局. 中国博物馆学概论[M]. 北京：文物出版社，1985：14-15.
[2] 张逊. 隔空对话：中国博物馆的历史源流及当代中国基层博物馆的发展思考[C]//中国博物馆协会博物馆学专业委员会2018年"理念·实践：博物馆变迁"学术研讨会论文集. 中国博物馆协会，2018（内部资料）.

旧馆改陈在全国各地如火如荼地开展起来。博物馆数量的不断增长一方面刺激着博物馆及文博相关行业学术研究能力的提升，另一方面也激发了观众参观的需求和热情，不断对博物馆业务水平的改进提出新的要求。

博物馆数量的剧增是经济社会飞速发展的必然结果。从公共文化服务均等化的角度来看，我国博物馆的绝对数量虽然已有一定的积累，但相对数量仍然很少，且分布不均衡。相对我国庞大的人口总数而言，博物馆人均占有数量其实并不容乐观，因此，政府仍需要加大建设力度，以提高人均占有率。在建设博物馆的过程中，以下几个问题需要加以注意。在建立和布置新博物馆时，需要有意识地向中西部欠发达地区、中小城市倾斜。目前，我国博物馆在分布上处于不均衡状态，大多集中在东部沿海经济发达地区的一、二线城市中，相较之下，广阔的中西部地区及众多中小城市的博物馆数量则严重不足。因而，政府在规划和筹建时，应向中西部及中小城市适度倾斜，进而担负起培养、教育当地民众，提高其综合素质的重任。

改革开放后的博物馆建设开始力求兼顾"大而全"与"小而精"。"大而全"是指博物馆场馆的建筑面积大、功能齐全、设施完备，而"小而精"是指博物馆建筑面积相对较小、藏品相对集中，具备专题性、行业性、领域性。博物馆的多元化不仅能够满足不同市民的精神文化需求，而且也能最大限度地平衡建设博物馆所耗费的时间、精力。相对来说，"小而精"的博物馆，资金需求少，建设周期短，可以在短时间内有效提高人均博物馆数量。2015年2月，国务院发布了《博物馆条例》，明确指出"国家鼓励企业、事业单位、社会团体和公民等社会力量依法设立博物馆"，但在实际操作中，因为没有相应的支持和扶助措施进行配合，因而略显空洞。所以下一步政府应出台具体的措施，如提供优惠条件甚至补助、减少相关限制、简化审批程序、保障相应权益等，使"鼓励"二字落到实处。只有齐头并进、百花齐放，我国的博物馆事业才能枝繁叶茂、茁壮成长。

第三节　发展：21 世纪

作为苏州的地标性建筑，苏州博物馆成立于 1960 年元旦，是苏州文物收藏、保护、研究、展示、教育的中心。馆藏文物 1.8 万余件（套），以历年考古出土文物、明清书画、工艺品为主。此外，还收藏有古籍善本 725 种 3 128 册，为全国古籍重点保护单位。馆址太平天国忠王府为首批全国重点文物保护单位。2006 年 10 月 6 日，著名建筑师贝聿铭设计的苏州博物馆新馆建成并正式对外开放。新馆占地面积约 10 700 平方米，建筑面积 19 000 余平方米，加上修葺一新的太平天国忠王府，总建筑面积达 26 500 平方米。2018 年，苏州博物馆接待海内外游客 318 万人次。近年来，苏州博物馆先后荣获"全国文明单位""全国文化先进集体""全国博物馆文化产品示范单位"等荣誉称号及"全国十大陈列展览精品奖"。在 2014—2016 年度国家一级博物馆运行评估中，苏州博物馆是唯一获评优秀的地级市博物馆。苏州博物馆自 2007 年以来，一直坚持观众问卷调查工作，以观众的需求为服务导向。苏州博物馆的综合影响力由社会影响力、直接经济影响力、文化影响力共同组成。简单来看，苏州博物馆吸引了海内外的游客前来参观，进而产生了一定的社会影响力；游客因为参观苏州博物馆产生了经济消费，进而产生了经济影响力；游客因为高度认可苏州博物馆从而喜欢苏州这座城市，愿意向亲朋好友推荐，愿意留在这个城市工作和生活，进而产生了一定的文化影响力。

早在 2012 年，苏州市委常委会就审议通过了《十大文化工程方案》，第一次提出"博物馆城建设推进工程"。2018 年，在《苏州市委、市政府关于文化繁荣兴盛三年行动计划》中，明确提出"用 3 年时间使全市博物馆总量达到 100 家左右"的目标要求。同年，在《勇当"两个标杆"落实"四个突出"建设"四个名城"十二项三年行动计划（2018—2020 年）》中再次提出，力争在"十三五"末实现每 13 万人拥有 1 家博物馆的文化基础设施建设要求。站在"十四五"的起点,过去勾画的蓝图已实现,苏州已逐步形成全方位、多层次、多元化的博物馆城建设格局,基本满足不同社会群体对感受苏州历史文化、丰富精神生活的美好追求。2021年年初,苏州市"百馆之城"发布会暨"一城百馆 博物苏州"品牌发布活动在金鸡湖国际会议中心举行,发布会介绍了苏州"百馆之城"的建成概况,并对今后一段时间全市博物馆城建设提出具体要求。据发布会数据显示,截至2020年年底,苏州已建成开放博物馆,包括纪念馆、陈列馆、馆藏古代书画和古籍的美术馆在内,共计102家。时任苏州市副市长的王飏表示,作为首批国家历史文化名城,苏州一直高度重视文博场馆的建设,着力将博物馆打造为彰显江南文化特色、打响江南文化品牌的重要抓手。"一城百馆 博物苏州"博物馆之城品牌启动,以文博品牌赋能江南文化特色,助力苏州文化强市与世界旅游目的地城市建设。自博物馆城建设目标提出以来,全市博物馆扎实加强自身建设,以诸多新举措激发创新活力,积极探索文旅融合,提高公共服务效能,赋能美好生活。"十二五"期间,全市博物馆接待观众不到1 000万人次,而"十三五"期间,全市博物馆接待观众超过3 600万人次。究其原因,在于苏州市博物馆的整体品质有了较大提升,由过去苏州博物馆的一枝独秀,变为百花齐放、各有所长。接下来,苏州将协助提高非国有博物馆整体运营水平,在特殊人才、场馆建设、展陈服务、资金补贴等方面给予有力扶持,并精心打造博物馆文化产品,精准满足不同层次社会人士的需求。

第三章 「百馆之城」理念与博物馆分类

博物馆作为一个城市文化的汇聚之地，浓缩了独具特色的城市文化、地域文化，是市民及外来游客了解一个城市最直接且最重要的渠道。在人类社会发展的进程中，图书馆和博物馆为人类文化知识的传播提供了新的方式和渠道。图书馆提供了无限广博的天地，博物馆提供了更加专业、更加鲜活、更加直观的课堂。由此，在现代社会发展和城市建设中，博物馆也成了不可或缺的传播文化的场所。根据不同城市的体量，博物馆往往与图书馆等场所作为城市公共文化场馆而存在，并在考量体系上基于公共文化服务均等化等视角被设计与探讨着。随着城市经济的飞速发展，具有深厚文化底蕴的城市，依托城市自身的经济实力，充分挖掘着城市的文化与旅游资源，"博物馆小镇""博物馆之城"等概念相继出现，并且得到了国家文物局的认可。具有3 000年吴文化底蕴的苏州，构建博物馆"百馆之城"，延续城市文明发展，是大势所趋。为了更好地、客观地审视苏州的博物馆"百馆之城"建设，以期为"百馆之城"的优化提出建议，本章将首先对"百馆之城"模式在不同城市的形态进行梳理，挖掘出相似性与差异性；其次对公共文化场馆与城市相融的系统性发展范本进行解读，试图总结出可供借鉴的经验；最后对苏州"百馆之城"发展现状进行介绍，并试图对102家博物馆进行分类，为之后的分析做铺垫。

第一节 "百馆之城"理念初探

当前,博物馆已成为部分城市的标志,彰显着一个城市的文化底蕴,是城市发展历史的缩影。打造博物馆集群,不仅能提升城市形象,而且有助于整体提升当地公共文化服务,促进城市社会经济发展。同时,博物馆已成为文化产业和旅游产业的重要组成部分,是打造城市高质量旅游路线的关键节点和促进文旅融合的先锋。在拥有文旅资源等基础条件的地区打造博物馆集群,符合经济持续高速发展之后重视文化建设的规律。当人们解决了衣食住行的问题后,必然会更加注重精神文化需求。过去30多年,特别是近10多年,我国进入了博物馆建设高潮期,平均每年新增博物馆一两百家。数据显示,"十三五"期间,我国备案博物馆由4 692家增加至5 535家,增幅达18%。其中,国家一、二、三级博物馆达1 224家,非国有博物馆达1 860家,类型丰富,形成了多元化主体的现代博物馆体系。[1] 在不同城市,有各自不同的博物馆发展体系,除了北京以故宫为首的博物馆体系构建外,沈阳也因地制宜地试图发展城市博物馆体系,国外也有类似可供借鉴的经验。

一、辽宁沈阳——"1+N"集群建设模式

中宣部、文旅部、国家文物局等九部门于2021年5月在《关于推进博物馆改革发展的指导意见》中提出,截至2035年,中国的特色博物馆制度将趋向成熟化,博物馆的社会功能将更加完善,进而使我国发展成世界性的博物馆强国。在指导意见的推动下,西安、南京、沈阳等地相

---

[1] 李政葳. "十三五"期间博物馆备案数量由4 692家增至5 535家[EB/OL]. (2021-01-05) [2022-11-05]. https://m.gmw.cn/baijia/2021-01/05/34518887.html.

继开展博物馆集群建设。其中，沈阳计划在 3 年内打造"百馆之城"。与苏州的江南文化、吴文化底蕴不同的是，沈阳作为国家历史文化名城，在经历过清太祖努尔哈赤迁都、皇太极建立清朝、抗日战争的历史冲击与洗礼后，成了中国主要的重工业基地。以沈阳为代表的东北三省基本上都遵循了这一历史发展轨迹。对于它们而言，曾经的老工业基地如何在现代轻工业化的社会实现转型并且存活成了重要议题，这也使得以沈阳为代表所打造的博物馆"百馆之城"与苏州在本质上存在区别，即转型与精细化发展。

据统计，在沈阳，经省级文物行政部门登记备案的博物馆共有 19 家，其中，国家一级博物馆 2 家，国家二级馆博物馆 4 家，包括沈阳"九·一八"历史博物馆、沈阳故宫博物院、张氏帅府博物馆、中共满洲省委旧址纪念馆等。据 2016 年结束的全国可移动文物普查统计，沈阳行政区域内有 53 家国有收藏单位，丰富的文博资源促使沈阳充分挖掘文化馆藏，发挥博物馆的社会教育功能，大力推进文化惠民工程。自 2015 年起，沈阳陆续推出了诸如"中小学生走进博物馆""大学生走进博物馆""百万市民走进博物馆""百万游客走进博物馆"和流动博物馆进校园、进乡村、进社区、进军营、进企业、进机关等活动，引导和带动市民、学生、游客感受沈阳深厚的历史积淀、丰厚的文化内涵，提升沈阳的城市影响力和文化感召力。在此基础上，沈阳市政府设定了 2023 年全市博物馆总量达 100 家以上的未来规划，以实现每 8 万人拥有一家文化博览场馆的目标，打造具有鲜明地域特色的博物馆体系。

为推进沈阳"百馆之城"建设目标，沈阳市政府联合相关行政主管部门与企事业单位、社会团体及民间收藏家，携手建设了一批行业博物馆，并且采用了市区五大区域内的"1+N"集群建设模式，即必须建设 1 家国有综合性博物馆，且每个区域内都将配有 N 家博物馆，此处的 N 指 10 家及以上的数量；在全市范围内的其他区县，采用"1+N"自由建设模式，即除国有综合性博物馆之外，可以依托本地资源自由建设 N 家博物馆。这一模式最大化地利用了当地资源，在控制支出的范围内，使公共文化服务实现均等化与标准化，覆盖更为广泛的人群，并且能够提供多元化的博物馆内容。

二、国外经验——构建多元化博物馆联合形式

法国——组建博物馆网络。在法国,为了使地理位置偏僻、藏品类型单一的博物馆更好地被利用,政府组织毗邻的博物馆互相协作,形成邻近博物馆网络,并且组织人员进行统一管理。例如,斯特拉斯堡就把其周围的 8 家博物馆合并起来,并指定专人统筹协调这些博物馆的工作。博物馆网络的建立把毗邻博物馆的竞争关系巧妙地转化成合作关系,使博物馆之间的资源甚至客流量形成交互,达到了文旅资源共享的效果。在辅助性措施的帮助下,诸如将博物馆参观路线、发行博物馆通行证进行交叉设定等,最大化地扩大了单个博物馆的影响力,融合了小范围的博物馆群,这些抱团措施不仅降低了博物馆的运维成本,而且通过稳固的客流量,也给游客带去了票价折扣,可谓是互惠互利。

英国——成立博物馆联合体。在英国东北部地区,有一个名为"泰恩和威尔"的博物馆组织,这是一个区域性的博物馆联合体,由 12 家博物馆、画廊和档案馆组成,藏品涉及考古、艺术、历史等多个领域。该组织下的各个场馆有统一的徽标和门户网站,由机构管理层确定各个区域的监理人员。最值得一提的是,这一博物馆联合体不仅在文化资源展品上实现资源的共享,而且在人员与管理模式上相互协调合作,在各个维度上联合,使得该博物馆联合体赫赫有名。

第二节　国内公共文化场馆发展模式借鉴

城市的公共文化场馆是指由政府建造、运营维护，面向所有公众开放的，且一般不收取任何费用或象征性收取少量费用的文化类场所，主要包括博物馆、图书馆、文化馆、少年宫、音乐馆、美术馆等场所。根据城市的能级与承载量差异，每个城市中公共文化场馆的类型与数量也各不相同。可以确定的是，基本每个一线城市都配有图书馆，每个直辖市都有各自的博物馆，这是我国公共文化均等化的体现。图书馆作为城市公共文化场所，占比大、数量多，可以被借鉴的成功发展模式也很多。其中，深圳"图书馆之城"模式与"全球全民阅读典范城市"之间的相辅相成表现得尤为突出。故本节对深圳"图书馆之城"模式进行探寻，力求从图书馆这一公共文化场馆的案例中总结出公共文化各场馆发展的共性。此外，上海作为与苏州毗邻的大都市，同受吴文化吴语脉络的影响，因此，上海所打造的都市博物馆体系也值得借鉴。

一、深圳"图书馆之城"

全民阅读无论是作为一种文化现象，还是作为一个政府文化项目，在深圳的兴起都有着明显的时代特征和城市独特性，可谓"文化沙漠建绿洲"。20世纪90年代，邓小平同志发表南方谈话，为深圳的社会、经济和文化发展带来了新的机遇和动力。一方面，作为改革开放的先锋城市，深圳的经济发展在全国独领风骚，城市发展一日千里，但经济的发展掩盖不了文化建设的短板。为打破经济发展与文化建设之间严重的不平衡，消除人们视深圳为"文化沙漠"的偏见，深圳必须通过自己的行动拿出一个"文化深圳"的样本，为改革开放先锋城市正名。另一方面，经济的发展需要文化的发展为其提供智力支持、人文环境和创新精神。也就是说，文化在深圳的兴起,既有塑造城市形象的使命,又有塑造城市人文精神和市民价值体系的使命。倡导全民阅读之初,深圳文化领域情况较复杂。一方面,市场化的文化消费模式,如"歌厅文化"相当发达,以外来务工人员为主体的广场文化活动也如火如荼地开展。另一方面,在深圳市委、市政府的重视下,电视台、书城、美术馆等8大文化设施已经相继建成,公共文化设施在相对较短的时间内实现了跨越式发展。在这样的背景下,深圳文化建设该何去何从?着力点在哪里?突破口该如何选择?这些都成为城市文化管理者思考的首要问题。经过深入思考和实际论证,深圳选择了"阅读"。于是,在全国因经商热、"下海"潮而导致的"学习无用论"甚嚣尘上之时,深圳市民对阅读的热情却越来越高涨。有两个现象被当时中央驻深圳媒体关注:一个是深圳图书馆读者人满为患与内地城市图书馆门可罗雀形成强烈对比;另一个是到书店买书的深圳人舍得花钱与内地书店经营表现平淡形成强烈对比。1996年,深圳书城(罗湖城)建成营业。同年,全国书市在深圳举办,场面火爆,创下了10天销售2 300万元码洋的图书销售奇迹。在领略到市民如此高涨的阅读热情后,一个想法出现在文化决策者的脑海中:举办市民读书节。经过论证,最终确定举办"深圳读书月"。用一个月的时间来举办一场大规模的阅读活动,这在当时国内尚属首创。"深圳读书月"的设立,标志着由政府倡导和引领的全民阅读时代的来临。

(一)"深圳读书月"的诞生

"深圳读书月"是由深圳市委、市政府于2000年创立并成功举办的大型综合性群众读书文化活动,在此后每年的11月1日至30日定期举办。截至2019年,读书月已成功举办20届。据不完全统计,20年来,"深圳读书月"已累计举办文化活动近8 000余场,邀请嘉宾与文化学者超过200位,通过举办活动募集资金,定向地向希望小学及帮助深圳青年务工群体进行更好的阅读服务的青工书屋累计捐赠图书码洋3 000余万元。20年间,"深圳读书月"已成功创办了面向成年读者的"年度十大好书""深圳读书论坛""打工文学论坛"等文化品牌,以及面向儿童群体的"年度十大童书""亲子阅读论坛""绘本剧大赛"等品牌活动,受到深圳市民的喜爱与积极参与。据深圳出版发行集团给出的数据,经过20年的积累沉淀,参与"深圳读书月"的人数从第一届的170万人次发展到现在的近1 200万人次,"深圳读书月"也由此被冠上了"深圳市民的精神文化狂欢节"的称号。追溯"深圳读书月"的源头,是具有时代背景的历史因素,以及城市发展中经济与文化水平的无法协调促使市民产生对文化和阅读的渴望。自1980年以来,深圳由南方沿海的小渔村一跃成为经济特区,城市人口数量在短期内激增,工业化和城市化进程快速推进。然而需要进行早期规划、经历后期积累沉淀的公共文化服务的体系并没有跟上城市化的快速进程,导致深圳出现了文化匮乏、文化资源与读者需求之间供不应求的现象。在这个新型的充满机会与生机的年轻人密集的城市,对阅读文化的需求是至关重要的,而图书馆等数量有限的公共文化服务设施无法满足市民的需求。由此,在深圳市政府的推动下,"深圳读书月"作为提供阅读服务的基础公共文化设施的软性补充应运而生。

（二）"深圳读书月"在城市公共文化中的地位

深圳受政策导向因素的影响,在短期内由一座南方小渔村迅速发展成为令世界瞩目的经济特区,由此"深圳速度"的名号一时间被广为传唱。大量的就业机会吸引着全国各地的青年才俊纷纷南下经商,"移民"的大量涌入在加快这个城市城市化、工业化进程的同时,对其原有的薄弱的公共文化设施及精神文化服务而言则是巨大的挑战。年轻人对学习知识的渴望无法得到满足,这成了深圳当时的主要社会问题。深圳市委、市政府意识到这一问题后,尽当时之所能,在1980年财政极度紧张的情况下,建设了包括图书馆、电视台、书城、美术馆在内的8大文化设施,这也从侧面映照出了深圳原有文化服务水平的薄弱。由于文化几乎没有历史积淀,与迅速腾飞的经济不相匹配,在谈及深圳文化时,深圳常常被冠以"文化沙漠"的称号。这一称号意味着文化积淀薄弱,缺乏文化底蕴,暗含了对深圳精神文化发展的低关注度与低期待值。

经过40多年的发展,深圳为去"沙漠化"做出了诸多努力,"深圳读书月"便是举措之一。"深圳读书月"的举办,不仅保障了市民的文化权利,还体现了深圳城市的文化理想与文化展望,也为深圳成为一个文化与经济兼备的现代化大都市奠定了基石,稳定了当时深圳市民的不安情绪。这种不安由何而来？当时深圳的发展受特区身份的利好政策影响,发展速度与经济水平一片向好。当深圳市民沉浸在经济富裕的喜悦中时,1992年,上海浦东新区的开放与成功建立,以及政府政策的特殊关照的转移,使得市民中弥漫着紧张与忐忑情绪。毕竟当时的深圳作为经济特区，距离成为一个经济人文资源完备的大都市仍有较大差距。不少市民开始怀疑自己当初南下的选择是否正确。加上部分优质外资企业从深圳向上海转移，使得原本对深圳发展持观望态度的年轻学生群体果断放弃了来到深圳或是留在深圳发展的机会，优质人才逐渐向北京、上海、广州等城市回流。"深圳读书月"的设立保障了市民的文化阅读需求，满足了市民对读书与求知的渴望。通过不懈的努力，深圳于2013年10月21日获得了由联合国教科文组织授予的"全球全民阅读典范城市"称号，这在中国范围内尚属首例，在全球范围内获此称号的城市也屈指可数，这代表了国际对深圳文化"去沙漠化"的认可与鼓励。在此后的发展中，依托读书月等阅读文化活动，深圳在保持作为经济特区的经济生产价值和创造力之余，着重发展城市的文化软实力。文化软实力作为城市间竞争力更深层次的体现，与市民的文化素养、道德品质相互影响。

深圳开展读书月活动的一个基本出发点就是：当今社会，城市间的竞争不仅体现在物质财富的生产上，最根本、更深层地体现在文化层面的竞争上。文化软实力是城市竞争力的重要体现。提高城市文化软实力，说到底要依靠人、为了人。文化软实力建设的着眼点应该放在提高广大市民的整体素质上，要造就文化素养高、道德风尚好、精神昂扬向上的新一代特区市民群体。深圳要以世界一流城市为标杆建设现代化、国际化城市，要在激烈的国内、国际竞争中占据优势，拥有强大的文化软实力极其关键。只有城市的思想底蕴深厚、文化氛围浓郁、价值观念先进，广大市民普遍拥有较高的思想道德水平和科学文化素质，深圳才有足够的底气和实力跻身国际一流城市之列。为此，一方面，深圳大力建设文化供给服务体系，通过建设更多的公益文化场馆等措施，把优秀的精神文化产品送到普通市民身边，使公共文化服务的阳光照到每一个市民身上；另一方面，深圳着力构建具有当地特色的公共文化参与和创造服务体系，打造更多像"深圳读书月""市民文化大讲堂""关爱行动"这样响当当的文化品牌，并积极促进市民自觉参与和主动创造，使市民在良性互动中濡染文明、提升素质。

（三）创设国家级读书活动的砝码

"深圳读书月"由深圳市委、市政府创立并举办，发展到后期，转为由深圳市委宣传部、市文明办、市文体旅游局、市教育局及市关工委联合主办。在具体工作的安排落实上,由深圳出版发行集团,即深圳书城中心城的母公司进行总承办。该集团内部设有"深圳读书月"组委会及"深圳读书月"组委会办公室,由组委会办公室联合深圳的相关企事业单位,包括共青团、妇联、文联、总工会、社科院、广电集团、报业集团等近30家单位协作承办。读书月虽于每年的下半年举办,但其筹备工作于上半年便开始进行,每一届读书月的筹办都需要举行20余次的筹备策划会议,多方听取读书月早期推动者、历年策划承办者、专家学者、社会各界人士及热心市民读者的建议,在此基础上根据意见及需求加以调整。

政府作为活动的主要创办者,在资金方面,每年划拨专款专项近500万元,为"深圳读书月"的顺利举办提供了经济支撑。而作为总承办单位,由国有资本控股的深圳书城在活动策划与资源调配上便占据了话语权。尤其是对民营书店,能否得到参与这场文化盛宴的入场券,不仅需要衡量书店自身的发展状况、关注度,还需要考量书店是否已经或者有意向与书城进行合作。民营书店的活动份额显得十分有限。或许是受政府主办性质的影响,读书月活动更倾向于邀请民间阅读组织参与。较为成熟的阅读组织有深圳读书会、彩虹花公益小书房、三叶草阅读文化发展中心等。在第十九届"深圳读书月"活动中,仅一家民营独立书店参与。

二、上海都市博物馆体系

上海构建都市博物馆体系,更多的是从教育搭建体系的角度出发。博物馆生存与发展的主要目的并非经济产出,而是生产、传播知识,基于实物资源培养人才和创造价值,这些价值相较于短期的经济效益,更能达到助推城市转型的作用。当下,通过与所在城市及周边的大中小学、科研院所等合作,越来越多的博物馆被纳入青少年教育体系,并融入全民教育和终身教育,而这恰恰是"将博物馆纳入国民教育体系"的核心要义。目前,上海市开展的"文教结合"工作是促进大部分博物馆所属的"文化"系统与大部分学校所属的"教育"系统合作的一大制度,实属全国创新的典范,这些制度都有助于培育更和谐的人地关系。因为良好的社会文教景象对于改善城市投资环境、吸引外资、提升文化产业竞争力等将产生推动作用,从而形成更大的人—财—物集聚效应,使各方皆从该优质环境中受益。

美国大都会艺术博物馆就是一个生动的成功案例。该馆伴随所在城市从野蛮走向文明、从混乱走向繁荣。1872年，在博物馆开放之初，纽约如同"文化沙漠"，充斥着移民带来的混乱腐败和黑帮活动。但该馆始终定位于"全球视野"和"艺术教育"，吸收世界多元文化，同时给美国公民提供艺术教育，提升素养。这不仅推动了不同文明之间的理解和交流，也助力纽约成为世界文化中心之一。

随着现代社会的建设发展及城市化进程的不断加快，我国城市在建设过程中的规模与水平也逐渐体现出一个区域的综合实力。要想让市民对城市产生归属感，共同参与城市的建设与治理，就需要给予市民一个精神坐标，让一个城市不再停留在功能化城市的发展目标上，而是更加具有人性化。同时，对城市建设过程中的有形历史建筑及无形文化传统、生活习俗等也需要加以保护，并将其留存以丰富市民的精神生活。将城市发展演变的历史收藏于博物馆中可以最大限度地维系乡土情结，展示这个城市的特色形象。

第三节　苏州"百馆之城"发展现状

苏州"百馆之城"建设的蓝图早在 2012 年就被绘出。6 年后，在《苏州市委、市政府关于文化繁荣兴盛三年行动计划》中，苏州明确提出了用 3 年时间使全市博物馆总量达到 100 家左右的目标要求。而就在 2021 年年初，苏州市"百馆之城"发布会暨"一城百馆　博物苏州"品牌发布会上的数据显示，截至 2020 年年底，苏州已建成开放博物馆（纪念馆、陈列馆及馆藏古代书画、古籍的美术馆）达 102 家。[1] 本节将分析和归纳苏州 102 家博物馆的类型与发展现状。

一、国家级博物馆

在苏州官方媒体给出的"百馆之城"名录中，共有 102 家博物馆。博物馆类型是指具有共同特性或要素的博物馆集合。对博物馆进行分类研究，有助于探讨博物馆业的发展过程及博物馆的发展图景，就本研究而言，可以帮助下文具体分析的展开确定研究对象，以期将类型相同但发展水平不等的博物馆相互比较，达到取长补短的目的。

参照我国博物馆行业权威的《博物馆定级评估办法》，由中国博物馆协会确定的、根据博物馆级别而形成的分类，在苏州 102 家博物馆中，国家一级博物馆包括苏州博物馆、常熟博物馆；国家二级博物馆包括苏州碑刻博物馆、苏州戏曲博物馆（昆曲+评弹）、苏州丝绸博物馆、吴江博物馆、张家港博物馆、太仓博物馆；国家三级博物馆包括苏州生肖邮票纪念馆。对照博物馆评分标准可以发现，国家一级博物馆往往藏品量大，涉及种类

---

[1] 苏州市人民政府. 苏州市"百馆之城"发布会暨"一城百馆、博物苏州"品牌发布会[EB/OL]. (2021-01-26)[2022-11-05]. http://www.suzhou.gov.cn/szsrmzf/sjxwfb/202101/2cc6d07c1f0a4344942876a9440acc7a.shtml.

多,并且藏有珍贵文物的数量也多,具有很高的历史价值、文化价值、艺术价值。除藏品之外,在人员配置上,配有专门负责社会教育的人员及志愿者。此外,在开放时间、观众人数、地理位置、场馆物理设施设置等方面均设有高标准,苏州博物馆和常熟博物馆无疑满足了各项高标准的要求。而相较于国家一级博物馆的综合性,国家二级博物馆则更具专业性与地区性,从碑刻、戏曲、丝绸至苏州大市范围内的各个区县均有涉及。相较于前两者,国家三级博物馆——苏州生肖邮票纪念馆显得默默无闻。这是一家相对年轻的博物馆,建于2013年,由苏州市姑苏区人民政府主办,苏州市文化广电新闻出版局行业主管,苏州邮政局指导建设,既是世界上第一家生肖邮票专题博物馆,也是中国邮政邮票博物馆首家专门性分馆,以中华全国集邮联合会会士周治华先生捐赠的生肖邮品为基础,馆内藏有自1950年以来世界范围内100个国家与地区发行的生肖邮票与邮品。

二、区域性及区域文化历史特色博物馆

除国家级的评定之外,博物馆的自然性要素也被视为常见的分类标准。根据博物馆的馆舍建造,博物馆可以分为常规博物馆与露天博物馆。区域也可作为自然划分标准。除上述国家级博物馆名列中提及的常熟博物馆、吴江博物馆、太仓博物馆之外,虽然没有达到国家级别但可以被纳入"百馆之城"名录的博物馆包括周庄博物馆、陆巷社区博物馆。周庄作为被联合国教科文组织授予亚太地区世界文化遗产保护奖的古镇,建造博物馆不容置疑。而陆巷社区博物馆,虽然名字略显普通,但其原址为始建于清乾隆年间的尚志堂吴宅,是苏州控制性保护古建筑。馆内藏有千余件苏州工艺美术精品,从春秋战国时期的吴国青铜器,隋唐时期的刺绣、玉器,到宋元的缂丝,明清的乐器、戏装,反映了苏州千年不绝的工艺美术文化。此外,博物馆除带有地域自然属性之外,更具有区域文化特性。名人故居也名列其中,如翁同龢纪念馆、王淦昌故居、顾炎武故居、陈去病故居、冯梦龙纪念馆等。江南历来盛产文人墨客,不同时代的文人、英雄的故居博物馆将城市的古今相连接,伴随着名人故居错落无序地分布,作为控制性保护建筑进入现代城市空间中,更显示出城市的文化底蕴之深厚。

三、功能性博物馆

现代社会，人们为了更加全面和深入地学习，探讨和掌握有助于社会进步发展的科学知识，不断地创办和组建涉及各领域、各学科的专业研究机构。对博物馆类型的研究是博物馆学研究的重要组成部分。更多的博物馆以功能作为分类标准，如收藏型、研究型、教育型。根据不同的观众类型，还可以细分为儿童博物馆、民族民俗博物馆，甚至还可以根据管理主体的差别设有高校博物馆、行业博物馆。

在"百馆之城"名录中，收藏型博物馆包括虞山派古琴艺术馆、沙溪文史馆、锡器博物馆、谢杏生戏曲服饰博物馆、苏州御窑金砖博物馆、过云楼陈列馆、苏州园林博物馆、苏扇博物馆等。[1] 其中，苏州御窑金砖博物馆也是国家4A级景区。苏州御窑金砖博物馆展示御窑金砖，意在通过建筑的组织营造，保护珍贵的文化遗存，多角度展示鲜为人知的御窑金砖炼制过程及其深厚的历史文化内涵，生动再现御窑金砖从阳澄湖畔的地域性物质原料——黄泥黏土到王朝殿堂的炼制过程，以及其成为"奉旨成造"的钦工物料和皇室御用的"天下一砖"的辉煌历史。诸如此类的博物馆有助于人们开展相应的科学研究工作，以增强人们认识自然、利用自然和改造自然的能力，从而推动和促进人类社会的全面发展与进步。由于博物馆的类别不同，博物馆的学术研究工作涉及众多的科学研究领域，是整个社会科学研究工作的重要力量。博物馆保存有大量珍贵的馆藏文物，对这些珍贵文物开展科学研究是博物馆重要的日常性工作。博物馆的馆藏研究涉及材料、工艺、用途、年代等多个方面，其研究成果不但会对提升馆藏文物的科学艺术价值具有巨大的作用，而且会产生广泛的社会效益，有助于推动相关学科科研工作的进展。这也使得以苏州御窑金砖博物馆为代表的由专业化向多元化发展的博物馆在分类中显得更具包容性，融合了收藏、研究、教育的功能。

---

[1] 苏州发布."百馆之城"首次发布！苏州102家博物馆来啦！[EB/OL].（2021-01-26）[2022-11-12].http：//news.jstv.com/a/20210126/1611819453620.shtml.

第四章 博物馆科技与数字化传达

随着科学技术的发展，储藏文物的博物馆也紧跟步伐，在文物馆藏、文物展品展示和传达方式上进行了数字化转型与升级。例如，具有全球影响力的互联网巨头谷歌于2019年在其公司子网站Google Arts & Culture（谷歌艺术与文化）上推出了世界第一座虚拟博物馆——Pocket Gallery。Pocket Gallery，直译为"口袋中的画廊"，即将博物馆内的藏品数字化、电子化，在手机移动端上，设定内容各异的展厅，展出和"谷歌艺术与文化"网站合作的博物馆机构内的藏品。如果说Pocket Gallery是谷歌藏品的展演窗口，是输出端，那么"谷歌艺术与文化"网站便是一个集合了搜集作品、高清电子化技术处理、汇编成体系的藏品宝库。Pocket Gallery迄今已经与全球1 000多家知名博物馆、艺术机构开展合作，将全球范围内70多个国家的博物馆及艺术作品，甚至街角建筑的组成部分进行数字化处理。通过这种方式，把已经或可被预见将遭受损毁、遗失风险的文化艺术藏品储存在虚拟世界。故宫博物院也参与了"谷歌艺术与文化"项目。

　　随着谷歌迈出了第一步，国内关于博物馆数字化的研究也呈增多趋势。回溯文献可以发现，早在21世纪初国内便有与博物馆数字化相关的研究，并且在2022年达到研究顶峰。博物馆数字化研究主要以技术研究、应用、开发为主，围绕如何在技术层面建设数字博物馆，实现文物数字化。相较于传统博物馆，数字博物馆在藏品的移动观览方面具有很大的便利性，这得益于互联网时代数字文化的传播与迭代发展。

　　纵观博物馆的数字化展演历程，或许在今天看来，现有的诸如借助LED屏幕展演的这类最基础的数字化传达形式对大众而言已经司空见惯。正如当时互动式的展演对传统展览形式留下的冲击一般，现在AI（Artificial Intelligence，人工智能）、VR（Virtual Reality，虚拟现实）、AR（Augmented Reality，增强现实）等数字技术给博物馆的展演方式带来的影响是深刻的。在数字文化与数字化使用方式席卷生活各个角落的当下，博物馆需要在保留传统文化精髓的同时，紧跟现代科技化的管理、展陈理念，进而在众多博物馆中绽放出独特的光芒。可以看到，不管博物馆的体量、级别差异如何，国内的博物馆都已经配有基本的数字化导览装置。而发展更为完善的博物馆对其展览与观众的交互、对新技术的运用有更进一步的追求。值得注意的是，对数字化传达的追求并不等同于摒弃原有的、较现在而言相对落后的设施，技术背后所隐藏的人性关怀作为博物馆的文化品牌理念，其有深层次的含义。

第一节　数字化装置导览

国内对数字化装置导览的研究从 2014 年开始呈现迅猛增长的态势。学术界围绕博物馆的数字化建设，进行了以应用研究为主，以技术、管理、政策研究为辅的研讨，将研究重点聚焦在博物馆数字化平台的建设与管理上。此为来自学术界的探讨。而对于受众，即对于博物馆的参观者来说，博物馆内最直观且最基本的是语音导览系统，可以将基于二维码、APP 的导览视作其进化版。2014 年，学者对二维码这一数字化演进方式进行过探讨。宋金淼认为，未来主要是面向移动互联网，利用互联网，采取交互式的数字化展示。移动互联网已成为目前人们获取信息的主要平台，文物、展厅的地形图及服务职能都需要通过移动互联网融合到手机平台，使人们可以随时随地获得文物信息；利用二维码技术作为交互手段，将文物、坐标信息写入二维码，人们通过手机终端获取二维码信息，从而获得关于文物的更为详尽的资料和数据。[1]

回顾数字化装置的发展脉络及其在博物馆内的运用，我们可以清晰地看到其轨迹，从文字解说、语音导览、二维码识别技术发展至现在的结合移动端 APP 的多维融合体，每一个过程都在博物馆内有迹可循。来自苏州博物馆的学者更是凭借敏锐的直觉，早在 2012 年就对结合博物馆的参观预约、导览、活动报名等功能的二维码识别技术在博物馆内的使用进行过研究。对于博物馆的导览装置的变迁，学者吴力斌认为，博物馆的导览经历了标识导览、广播导览、人工导览、语音设备导览等从无到有、从初级到高级的发展过程，现在已经走到了"随心所欲"的无线移动微信导览的最高境界。[2] 由这一变迁历程我们可以发现，博物馆的导览装置从具有高知

---

[1] 宋金淼. 基于 Android 博物馆文物数字化管理系统 [D]. 宁夏：北方民族大学，2014.

[2] 吴力斌. 互联网语境下的红色纪念地信息化实践与探索：以刘少奇同志纪念馆为例 [J]. 博物院，2021（3）：33-40.

识储备的高门槛设定逐渐走向低门槛甚至零门槛。

最早的标识导览多指博物馆内最为基础的符号，如楼层编号、导览图、厕所等功能区符号在地理学意义上的标记，也是公共标识符号，通过组合符号、颜色、文字、图形等元素构成具有标识意义的图形，让人们一目了然，为人们提供信息交往与沟通的标志和识别符号系统，能有效指引人们进行有秩序的正常生活，引导人们的行为。[1] 这是具有公共性的标识，可以说并不专属于博物馆，通过符合国际通用意涵的标识符号，表达在其他公共场所也可以寻找到的功能区。我国以国有博物馆为主，以私立博物馆为辅，苏州"百馆之城"也符合这一发展分布。依托《博物馆管理办法》《博物馆管理条例》等对博物馆行业进行规范化管理的法规性文件，国有博物馆从内到外的管理皆有据可依，进而可以有效避免一些由主观意愿造成的问题，尤其在标识导览方面。另外，作为国有博物馆，其教育使命不容忽视，"以物教人、以史育人、以文化人"[2]，使更多的人能够以古观今，可以明是非。因此，博物馆不仅在展品的介绍上，而且在场馆空间内各种符号的运用上，需要让尽可能多的人读懂，达到普适化，而这与早先作为皇家专属专用的进行藏品收藏的博物馆在服务的对象上已经发生了质变。这也是笔者在上文中称博物馆的导览设置正走向零门槛的原因，这种变化在文字导览、广播导览、人工导览等后续出现的形式的衬托下愈发明显。

文字导览，相较于标识导览，更加专业化，且更多地被运用于博物馆中的藏品介绍上。即便在各种科技化导览技术的有力冲击下，文字导览在各家博物馆中仍被保留。文字导览的内容简单凝练，受限于篇幅，通常十分简短，以标签、图录、讲解等形式，将藏品的名称、年代、英文注释标注清晰，往往置于藏品边。对一些重量级藏品，无非是多添几行双语介绍，简述其文物的价值和意义。然而这些介绍对于大部分参观者而言是远远不够的，无论是从既有的文字，还是从文字信息背后的符号意义来看，对于普通的、缺乏文化积累的参观者而言，全面、立体地对藏品进行深度了解显得尤为困难。还有一种更为直观的方式是图录，由于图形较文字更具有可读性，因此，图录能够提供更多的展览信息，但制作的周期长、成

---

[1] 肖巍. 导视系统符号元素研究 [J]. 包装工程，2012（20）：136-139.
[2] 王敦琴. 新时代公共博物馆的使命 [EB/OL].（2021-03-25）[2022-09-20]. https://m.gmw.cn/baijia/2021-03/25/34714214.html.

本高、后期维护费用高，无法被全面推广使用。因而，广播导览与人工导览（又称"讲解"）的出现弥补了文字导览的不足。

从字面上看，广播导览、人工导览、语音导览之间似乎有重复，都以口述语言为媒介输送信息，但实则差异显著。广播导览是面向所有人的，不定向地服务某个个体。在博物馆中，通常与显示屏相结合，定时播放与藏品信息、藏品年代相关联的广播导览和视频介绍。也有部分博物馆借助无线红外设备，对参观者进行追踪，以达到"人在即播、人走即停"的精准播放效果。而人工导览是为某个群体或者个人提供的服务。学者孙奇也对之进行过界定，讲解是观众了解展品内涵的重要途径，但受讲解员数量的制约，许多场馆只是在固定时间段才提供免费讲解，而许多观众因文化消费观念的落后并不会特地付费聘请讲解员，[1] 人员成本、时间安排、导览费用这三大因素导致人工导览没有成为参观者选择的主要方式。对于人工导览服务原本的一些目标群体，现在的文旅消费市场提供了更多的选择。一些家长甚至会选择带有陪读伴旅性质的一对一服务的博物馆导游陪同讲解。而免费提供的多人团性质的讲解服务，一般有固定的场次安排，人工导览员佩戴的多半为小喇叭，但其无法很好地服务于团队内的所有参观者，并且讲解音量不能过大，以免影响其他的参观者。此外，参观者需要按照人工导览员所规定的参观路线游览，讲解、参观的时间有限，站在参观者的角度而言，缺少主观能动性，且听完讲解后无法重新播放。综合来看，人工导览所受到的限制因素较多，整体导览效果也不甚理想。

随着科技的发展，移动网络已深入人们的生活中，改变了人们原有的生活习惯，由此诞生了"Z 世代"——从出生开始就受到数字信息技术、智能手机等即时通信设备的影响，从小滋养在互联网信息池中的人群，泛指 1995 年至 2009 年间出生的人。相比"80 后""90 后"，"Z 世代"人群更善于使用互联网思维，且习惯于将手机等智能设备作为自己身体的延展，例如，用照相机记录所看到的事物、多在互联网上进行消费、多借助聊天 APP 进行交流而非线下面对面对话等。"Z 世代"是博物馆文化输出的潜在受众，博物馆在数字化传达的过程中要切实加入符合"Z 世代"受众的媒介使用习惯显得尤为必要。

---

[1] 孙奇. "微信+二维码" 导览在中小博物馆展览信息服务中的应用 [J]. 无线互联科技，2019 (9)：142-144.

第二节　界面交互式观览

"交互体验"的概念源自国外。20世纪80年代,计算机交互技术的成熟促使"交互设计"这一理念的诞生,后来其逐渐发展成一门关注交互体验的新兴学科,主要研究如何在使用者和产品之间建立联系,以帮助使用者更好地达成体验目标。[1] 21世纪,这一概念进入中国学术界的视野,自2008年起,相关研究呈阶梯式上升趋势。研究主要围绕交互设计、用户体验、人机交互等关键词展开,结合手机移动端APP,以计算机软件、工业通用技术及设备、电信技术领域的研发为主。笔者注意到,在一众文献主题中,对博物馆中交互设计与使用的探究不在少数。从2012年开始,研究数量逐年上升,在2018年达到第一次小高峰。进一步细分发现,有关"博物馆+交互设计"的文献,主要是围绕博物馆的交互设计、博物馆展示、用户体验等研究主题词而展开的,如图4-1所示。在博物馆中,谈及交互,首先想到的就是可以随身携带的语音导览设备,这是在互联网交互使用习惯之前就存在的形式,并且在著名的博物馆,如故宫博物院、卢浮宫中仍然沿用。

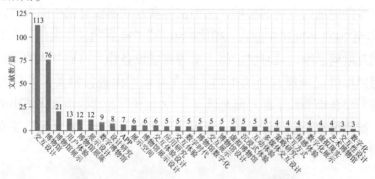

图4-1　博物馆交互体验文献的主要主题分布

[1] 岳顶聪. 博物馆数字化展示的交互体验研究 [D]. 深圳:深圳大学,2018.

以故宫博物院为例，1988 年开始采用"个人携带式有声导览的全新语音导览服务"[1]。发展至今，借助全球定位系统，辅之以导览设备（电子导游图，图 4-2）上的地理方位引导，由游客自己选择是否收听关于该定位的语音讲解，这一设置可以被视为互联网使用习惯"入侵"前的博物馆与游客之间的交互模式。这一在当时看来新颖的交互导览模式也开创了博物馆新的导览方式，即租借导览设备的后付费模式。后付费模式是相对于传统的语音导览预付费模式而言的。[2] 传统

图 4-2　故宫博物院电子导游图

的语音导览付费模式，即"一手交钱一手交货"的方式，"自主选择，钱货两清"是其特点。而后付费模式则是根据导览服务的内容，由游客自主根据满意度进行支付，这在一定程度上对整个导览服务体系提出了更高的要求，从讲解服务所传达的内容，到整个借还流程中服务人员的态度、非人为导致的设备故障情况等，都将影响这一模式的收入。后付费模式为借助语音导览设备的传统导览服务的后续发展奠定了良好的基础。在后付费模式的刺激下，为了获取更高的收入，原有的导览设备将进行更新，这为游客更好地了解文物提供了设备基础。对博物馆而言，固定收费的模式只能使其大致了解购买这一服务的付费群体数量，但对服务本身的品质提升并无实质性的帮助。而后付费模式的引入，可以从侧面反映游客对于展览和讲解服务的满意度，是较为直观且相对准确的统计方式，这为博物馆展览服务的良性循环和发展提供了较好的方式。如上文所述，这一基于实体设备的携带式语音导览服务在世界著名博物馆中仍被保留着。尤其在国外，手机移动支付尚未普及，为了满足包括中老年群体在内的更广大受众的需求，便携式租借导览设备的保留显得尤为必要。但这一设备在我国部分中小型博物馆中已荡然无存。

[1]　闫宏斌. 论故宫特展语音导览服务的创新［J］. 博物院，2018（6）：102-106.
[2]　闫宏斌. 论故宫特展语音导览服务的创新［J］. 博物院，2018（6）：102-106.

故宫博物院一方面保留着上述传统的导览方式，另一方面在互联网移动支付的强劲冲击下，紧跟步伐，推出了系列手机端导览APP，并细化到各类型受众（包括成人与儿童）。以苹果手机操作系统（IOS）为例，搜索"故宫博物院"，即可下载"数字故宫""每日故宫""中华珍宝馆""故宫陶瓷馆""故宫展览""紫禁城600""皇帝的一天"等。除"数字故宫"之外，其他APP均是故宫出品。定位在寓教于乐的"紫禁城600"与"皇帝的一天"，面向学龄游客，结合动画游戏设置，展现故宫中的布局、建筑的文化故事及当时宫殿中帝王的生活，利用手机屏幕的传达与触及反馈完成用户体验，充分迎合了低龄游客群体的媒介使用习性。在微信小程序的影响下，现在手机端的APP下载热度被分散到在线使用的小程序上，这是博物馆数字化交互的新尝试。

故宫博物院作为我国顶尖的博物馆，其导览系统的数字化交互是首屈一指的。而其他级别相对较低的博物馆，如苏州"百馆之城"名录中的博物馆，如何在有限的经费下最大化地做到科技化数字传达与交互？首先需要对交互有所了解。互联网语境下的交互，或简称"用户体验"，主要围绕以下几个方面。一是用户体验，即手机端用户对用户界面设计的视觉感受及使用感受。二是无缝交互、算法驱动设计，这可以理解为机器通过算法，针对用户的使用习惯进行自主学习。抖音等APP就是充分借助算法进行内容推送的最好案例。展望未来，人工智能、自动驾驶将是无缝交互技术的体现。三是语音交互，这一技术目前在博物馆中尚无体现，但是在日常生活中，智能音响、苹果的SIRI（智能语音助手）甚至是淘宝的天猫精灵等语音交互技术已经有了较好的发展。此外，用户体验的叙事能力、多元的跨屏幕的交互方式也是交互的重要组成部分，其中，多元的跨屏幕的交互方式在博物馆中是相对可行的；而叙事能力，由于博物馆本身的强文化特征，想要通过交互端的APP加以体现，选择面太广，能够展示的内容有限。四是增强现实技术和虚拟现实技术。AR和VR技术作为2019年以来的研究热点，在博物馆研究领域，探讨如何通过技术开发、应用研究、工程研究将两者更好地体现，成了相关学科研究者争相攻破的课题。

回溯博物馆导览的交互发展历程，在租借式实体设备之后、AR和VR技术之前，二维码导览占有一席之地。"随着科技的发展、信息化进程的推进，一些新的展览信息服务设备和方式随之出现，如团队讲解器、自助语音导览设备、智能手机APP导览、微信和二维码导览等。"[1]现如今走进博物馆，我们可以发现，在展品旁，除简洁的文字介绍之外，往往会附有一个二维码图标，扫码即可听取对应展品信息。苏州博物馆早在2012年便开始使用这一扫码交互方式，"二维码在博物馆行业也有了应用先例，如浙江省博物馆在馆区内覆盖了无线网络，为观众提供便利的上网环境，并免费提供二维码识别软件下载，使智能手机成为条码识别的随身便携工具，在此软件基础上利用二维码作为文物的条码凭证，提供导览服务，使观众能方便地了解文物背后的文化内涵"[2]。通过二维码实现的扫码交互方式，极大地解除了人工导览、租借讲解机导览的时间与消费的双重禁锢。

对于二维码这类数字技术的使用，苏州博物馆的茅馆长在访谈中提出，需要在现代技术与传统导览讲解中找到平衡。具体而言，从文物内容讲解的角度，苏州博物馆是否有数字化的处理设置？比如，单一的产品或单一的馆单独做一个二维码，公众通过扫描二维码的方式去听讲解。相较于其他博物馆，苏州博物馆内较少使用二维码。文物内容讲解的问题本质是如何去兼顾各类人群的习惯。苏州博物馆最初推出APP的时候，馆内是配有可租赁讲解器的，曾经馆内工作人员也确实担心"二维码+APP"的组合会影响讲解器租赁量，实践后发现这是多虑了。各个应用都有特定的群体，每个人也有其使用习惯。不习惯使用智能导览的人还是会习惯性地去租机器。而不愿花钱租机器的人多会选择等半小时听志愿者的免费讲解。喜欢现场人与人之间交流的就会选择人工讲解，而人工讲解一直也是需求量最大的。这些都是传统的讲解方式。苏州博物馆在推出APP时并未同步推出二维码，因为博物馆内的展品对灯光是有特定要求的，当时技术人员在现场布设的时候发现，观众在扫描二维码时可能会打开闪光灯，大量的闪光灯会对文物造成不可逆的损伤。因此，馆内的二维码并不多，取而代之的是数字编号。

在二维码发展之余，借助微信小程序发展的导览功能从2017年开始有了长足发展。小程序是依托微信强大的即时通信功能开发的，起初并没有得到广泛认可。当时的使用习惯是通过软件商店下载软件。随着手机功能在各个领域的拓展，想要实现的功能越多，需要下载的APP数量就越大，久而久

[1] 孙奇. "微信+二维码"导览在中小博物馆展览信息服务中的应用[J]. 无线互联科技，2019（9）：142-144.
[2] 蒋菡，茅艳. 浅谈二维码识别技术在博物馆中的应用[J]. 苏州文博论丛，2012：217-220.

之,手机的内存告急,进而出现手机卡顿等现象。微信小程序就是针对这一痛点进行开发的,无须下载,即用即点。从用户使用角度看,微信小程序解决了一部分用户不愿下载软件的困扰;从开发平台角度看,微信小程序规避了原生 APP 的开发成本限制及微信公众平台的功能局限。[1] 就如何使用微信小程序及 APP 端收集到的数据内容,以及苏州博物馆实名制进馆、后台互动沟通等生成的大量数据,对策划展览的主题、开展教育活动等工作是否能起到一定的作用,苏州博物馆是否会充分利用这些数据等问题,茅馆长围绕满意度与线上线下流动调研相结合的反馈机制,在访谈中进行了介绍。

茅馆长称,每年苏州博物馆会确定几个重点展览。针对这些重点展览,会有一个全方位的业务支撑。苏州博物馆也会针对特展做观众调查,主要涵盖本人的基本信息——人口学特征、消息来源渠道、展览解读过程中有无疑惑、对策展人有什么建议、来馆原因、到馆后对苏州的印象、同伴关系(亲子还是朋友)、满意度反馈、服务建议等。通过线上和线下相结合的方式进行调查,但线上效果不是很好。所以,针对特展(一般都是两到三个月)会有专门的线下调查,请志愿者协助做问卷调查。及时将收集到的信息反馈到各个部门,督促各部门改进工作。苏州博物馆的微博互动非常及时,观众也比较热情,它有一整套反馈机制,线下也有留言簿,会有专门的人去搜集意见。

---

[1] 黄维尹. 博物馆公众服务中新媒体技术的应用研究:基于微信小程序的分析 [J]. 博物馆管理,2020(3):90-96.

第三节　新技术沉浸式体验

近年来，由新技术引导的新型展览方式在各大城市的艺术博览机构盛行。2019年，在深圳举办的梵高沉浸式艺术展——《追光者——天才梵高筑梦大展》在各大社交媒体平台被疯狂关注与转载。这一展览不是按照既定的作品进行观览式赏析，而是利用科技手段，通过光影投射与现场布景，还原并展示了梵高的11幅不同主题的画作，营造了沉浸式的观览空间。这一利用技术打造的沉浸式观览方式大获成功。为何沉浸式展览能够受到热捧？究其原因，以梵高展为例，梵高是荷兰后印象派画家，印象派相较于写实主义，需要观众有一定的艺术赏析基础，或是对梵高本人的生平经历有所了解。基于这一赏析门槛，观众才能够对画作产生共情，进行更好的解读。而反观深圳，一度被称为"文化沙漠"，经济的飞速发展与城市的文化积淀不成正比，观众的艺术赏析意识相对较低。因此，相比于如何举办高水平画展，如何在这一环境下吸引更多的观众来欣赏艺术画作，对深圳的艺术博览机构而言更为重要。沉浸式体验，一方面，能方便更多具备不同文化艺术水平的观众更近距离地体验画作，他们可以是被图案吸引，也可以是单纯想要在艺术空间内合影"打卡"，留下美照；另一方面，观众的"打卡"照片在社交媒体进行传播后，又提高了市民对画展的关注度，从而前去观览，由此达到将艺术作品辐射给更广受众的目的。深圳的梵高展依托深圳独特的文化氛围获得成功，但是对于有深厚文化积淀与底蕴的城市，如北京、西安、苏州，选择将科技融入观展体验中，突破"打卡"观展的圈层，是展博机构之所求。[1]

在参观博物馆时，从旁观者的角度客观看待陈列的文物，无法与历史

---

[1] 欢欢.梵高沉浸式艺术展首次登陆深圳，这场家门口的艺术展你不来吗？[EB/OL].（2019-09-27）[2022-09-12].https://www.sohu.com/a/343951865_780451.

产生共鸣，教育价值及文化影响大打折扣。AR 技术的应用，能够为观众提供沉浸式体验，排除疏离感。例如，湖南省博物馆利用 AR 技术让《车马仪仗图》"活了"起来，观众可将其置身《车马仪仗图》，更好地理解西汉风俗和服饰文化，也激发了自身对于西汉历史和帛画的兴趣，大大提升了博物馆的教育价值。AR 技术能够将计算机生成的虚拟物体或关于真实物体的非几何信息添加到真实场景上，运用 3D 图像、全息投影等方式来增强现实，多元化的展览方式打破传统钝感，灵动设计吸引了更多的观众走入智慧博物馆，让观众在体验 AR 技术的同时感受文物所承载的历史。

在参观博物馆的过程中，观众看到陈列在玻璃罩内的文物总想凑近仔细观看或触碰。传统博物馆在游览设计中考虑得更多的是保护文物，忽视了游览的交互性，影响了参观的体验感。在 AR 技术及移动终端的支持下，观众可通过触控、手势识别等方式，在增强现实情境下以虚拟方式触碰文物，更为真实，增强了博物馆展览的交互性。

有的文物出土时便是碎片，而文物修复技术对于这些文物而言可能意味着二次破坏。在部分博物馆中，我们也可以看到利用黏土将原本的文物碎片拼接在一起的文物修复方式，尽管陶器的器型变得完整，但不可避免地带有浓浓的现代工艺气息，难以还原文物的历史状态。AR 技术能够用增强现实的方式对文物进行虚拟修复，保留文物出土状态并实现最佳的技术展示效果。

AR 技术在智慧博物馆中的应用案例还有 AR 导览。部分博物馆规模宏大，展厅布局相对复杂，简单的导引标志难以满足观众的参观需要，观众的时间大多耗费在路上，参观体验并不全面。AR 技术中的跟踪定位系统能够有效识别用户位置及环境，实现即时引导，与手机、平板电脑等移动终端同步，可通过摄像头对准前方从而呈现导引信息，甚至设计虚拟导引形象来引导。例如，在故宫博物院中设计太监、宫女或帝后等人物形象来做引导，既增强了文化吸引力，又节约了寻路时间，对于提升博物馆参观的趣味性、生动性及体验感都具有重要作用。[1] 除 AR 技术之外，VR 技术也被广泛应用。近年来，VR 技术发展迅速，被应用于各个领域。所谓虚拟现实，即构建模拟现实的三维虚拟场景，通过视觉、听觉、触觉等方式沉

---

[1] 晏茗. 虚拟现实 AR 技术在智慧博物馆中的应用 [J]. 电子技术，2021（9）：194-195.

浸虚拟场景之中，达到身临其境的感受。头戴式虚拟现实显示器（以下简称"VR 头显"）如 Oculus 的出现，让左右眼封闭于对应的左右屏幕模拟视差的影像中，追踪头部的运动，相应地模拟场景影像，形成了极强的虚拟现实沉浸感，从而推动 VR 技术的发展。而随着 VR 技术的发展，Htc Vive、Oculus、暴风魔镜等 VR 头显设备如雨后春笋般被推出，增强现实、混合现实、扩展现实、人机交互等技术进一步发展，促进了 VR 技术向各领域探索和延伸。

第四节　苏州博物馆（西馆）的视听跨界呈现

数字文化的演进经历了几个阶段。从艾伦·麦席森·图灵（Alan Mathison Turing）将计算机视为能进行思考的机器开始，"信息理论"的概念被提出，计算机不再是科学、数字的单一处理器，与人类文明息息相关的人文艺术都可以被转化为信息编码，进而融入数字文化，包括声音信息、电影、文字、影像片段等。新的数字素材的加入，使得数字文化的范畴被扩大，从而进一步促生了万维网（World Wide Web）。随着数字端与人类的互动，虚拟与现实空间相连接，使人类的生活习惯发生改变，数字文化的第二波进化潮就诞生了。数字应用、计算机语言、代码、算法和人工智能进入大众视野，现实的文化、生活与艺术可以被镜像化地呈现在数字文化中。与数字技术在其他领域的发展相比，其在博物馆、展览馆、画廊等艺术机构运用的速度是相对缓慢的。然而，艺术家与音乐家运用音乐与视觉艺术相结合的创新性展览形式，对以博物馆为首的艺术机构与数字文化的交融起到了推波助澜的作用。早在1977年，法国巴黎蓬皮杜艺术中心40周年庆时就使用了一系列创新手段，给观众带去了全新感受（图4-3）。蓬皮杜艺术中心作为法国著名的现代艺术博物馆，一度被视为现代巴黎文化的象征，与代表着法兰西古代文明的卢浮宫相并肩。在这场展览中，博物馆在晚间的观览活动中增加团队参与的交互项目，使参观者可以亲身参与艺术中，与爵士演奏家一起在展览馆中作曲、表演，这同时也给其他参观者带去身临其境的音乐现场表演。这一展演形式将无实物的音乐与实体的人相连接，人与音乐、人与人的互动成为最主要的展演内容与舞台。[1]

---

[1] Tula Giannini, Jonathan P. Bowen. Museums and Digital Culture: New Perspectives and Research [M]. Berlin: Springer, 2019.

图 4-3　蓬皮杜艺术中心 40 周年展览报道

笔者曾参与苏州大学的公共文化研究项目，有幸对苏州博物馆（本馆）茅馆长进行采访。访谈中，提及了苏州博物馆藏品的数字化应用，对此茅馆长做了精练的介绍。苏州博物馆的所有藏品都进行了数字化处理，并且场馆的数字化管理也得到了国家文物局的认可。2014 年，国家文物局第一次推出智慧博物馆试点单位，苏州博物馆是当时 6 家中的一家，既是第一批试点单位也是唯一的地市级博物馆，其余都是省级博物馆。茅馆长补充道："苏州各方面条件都不错，再加上市财政的支持，所以在刚有智能手机时，大约在 2011 年年底至 2012 年年初，我馆便全馆覆盖 Wi-Fi。随后率先推出了苏州博物馆的 APP，主要侧重于为观众服务导览，将一些音频、图片通过 APP 展示给观众，观众便可自行导览。我馆于 2012 年被国家文物局评为'最具创新力的博物馆'。我馆是第二批被评上的，每批两家。2008 年我馆实行免费对外开放，在'2011 年度博物馆免费开放十佳做法'项目评选中，我馆凭借 APP 应用获得了国家文物局颁发的'最佳讲解导览奖'。可以说，这是对整个博物馆行业数字化应用的引领。因为前期我们取得了一些数字化应用的成果，所以在 2014 年国家文物局第一次提出智慧博物馆的时候，就直接指定项目给我们做了。自 2006 年起，我馆每年都有计划地做数字采集。一开始，我馆主要做三维的采集。然后国家做可移动文物的普查，这种普查采集的数据实际上是档案数据，即一个藏品至少要有6张照片，包括底部、侧面、破损的地方等。这种采集是不能在网站或手机上展示的。所以，后来我们除了做三维采集外，还做平面的高清采集，最主要的目的在于出版，即需求式出版。我馆的数字化基本上覆盖了全藏品，但是仅限于档案数据。高清数据采集也逐步在做，因为每年的要求不同，使用部门的要求不同，所以都会陆陆续续采集。"

苏州博物馆西馆作为苏州博物馆的分馆，于2021年9月对外开放。苏州博物馆成立于1960年，既是地方综合类博物馆，也是苏州文物收藏、保护、研究、展示、教育的中心。现代建筑大师贝聿铭先生设计的馆身结构将传统苏式古典园林的精华与现代建筑风格的干练有机相容，故而闻名海内外。苏州博物馆将继续以建设"代表江南文化特色与风格的、引领行业创新发展的世界一流博物馆"为目标，一方面，以人民美好生活向往为出发点，进一步挖掘博物馆的文化资源，持续推进运营管理、展览策划、公众教育、文创产品、社会参与等各个业务领域的创新，全面提升公共文化服务效能，让博物馆的文化滋养浸润观众的精神世界，同时也让日常参观博物馆成为一种生活方式；另一方面，着眼于经济社会发展大局，进一步开阔视野、打破边界，打造优质博物馆品牌，探索实施"博物馆+"战略，构建参与更多元、合作更广泛、影响更深远的发展格局，全面释放发展活力，让博物馆的文化潜能助推社会的发展进步。苏州博物馆西馆作为本馆的延伸体，从苏州最核心的传统历史文化区域，延伸至苏州高新区——鉴证改革开放四十年的区域。苏州高新区在改革开放时作为首批国家级高新区，代表着创新发展的动力，尤其在对外来文化的引入方面，广纳日本、韩国的文化精髓，率先在饮食文化上进行突破，并进一步形成了韩国文化生活圈、日本文化生活圈等外来文化聚集现象，这一现象出现在非国际一线大都市，可谓令人惊讶。改革开放发展至今，苏州高新区的发展虽然相对放缓，但当时繁荣的发展景象在现在转换为诸如淮海街——日式生活美学街区等，在新一代的年轻人中继续迸发活力。正是着眼于此，作为苏州历史文化象征的苏州博物馆在高新区布下分馆，区别定位，继续为苏州城市文化与博物馆历史文化积淀的融合创造空间。

苏州博物馆西馆位于高新区长江路399号，建筑面积48 365平方米，展陈面积13 391平方米，展出文物2 100余件（套），包括吴王余眜剑、碧纸金书《妙法莲华经》、钧窑鼓钉三足洗等珍贵文物。[1] 馆内设有通史陈列馆、苏作工艺馆、多媒体展示馆等多个展区,从文化艺术、苏作技艺、苏式生活等多个方面全面展示了吴地的悠久历史和特色工艺。"纯粹江南——苏州历史陈列"是苏州地区首个通史性质陈列馆,以文物展品和环境布置讲述着苏州自旧石器时期至民国的发展历程,共计展出文物1 200余件(套),精品文物150件。位于西馆二层的"技忆苏州——苏作工艺馆"拥有约800件(套)文物,陈列千年工艺精品,讲述工艺起源流变。展厅主要分为"雕玲珑""琢绮丽""绣华彩"三个部分,展示了玉雕、竹刻、苏绣、桃花坞木版年画、苏式家具等传统工艺。国际合作馆面积约1 037平方米,首期与大英博物馆进行了合作,第一期主题为"古罗马文化"。展览现场,观众可以探寻罗马帝国的建成与维系历程,感受古罗马的荣光。苏色生活馆位于苏州博物馆西馆B1层,展示面积约540平方米,展厅共分为三个板块,分别为"苏色生活"主题数字展、影音空间、衍生空间。参观动线自"苏色生活"主题数字展进入(图4-4),至衍生空间结束。最后还有探索体验馆,约4 501平方米,分为"我的姑苏城""金色童年""好奇柜""艺术作坊""自然探索"五大主题展厅,是3~12岁青少年的专属空间。在这里,孩子们可以尽情畅游,释放他们天马行空的想象力和创造力。在立足江南文化的基础上,苏州博物馆西馆还专设国际合作馆,与世界知名博物馆合作,积极探索世界多元文化。

图4-4 "苏色生活"主题数字展

[1] 苏州博物馆西馆. 苏州博物馆西馆简介[EB/OL]. (2021-09-18)[2022-09-15]. http://www.szmuseum.com/News/Details/jjxg.

苏州博物馆西馆注重博物馆的教育功能，首次尝试在国内地方综合类博物馆内设置探索体验馆，为青少年观众打造博物馆学校，让他们在开放式、互动式和探索式的体验中了解苏州的古今传统与现代发展，去切身触摸、感知知识。谈及博物馆的教育功能，就不能脱离其教育意义。博物馆的最大性质还是公益性，通过展览文物的方式，更多的人能了解历史知识。博物馆是人类文明发展到一定程度的产物，不仅能够促进社会文化的发展，还能够促进社会事业的发展。简言之，博物馆的教育意义在于其博古观今，使现在的人基于前人的经验，或是吸取精华，或是摒弃糟粕，在思想上能够有所进步。

地方上的传统博物馆虽然在馆藏内容、博物馆建筑的艺术风格上无法与国家级博物馆相比，但其被赋予的教育意义是不言而喻的。而现在地方上的博物馆面临的困境是，如何在互联网、科技化浪潮的冲击下，借助新的更具科技化的展演方式，将馆藏文物的价值内容更好地输出，以普及更广泛的受众。譬如，以"百馆之城"名录中的丝绸博物馆、刺绣博物馆、苏扇博物馆、砖雕博物馆为代表的工艺美术类博物馆，如果观众想要更深入地了解这些技艺及其背后所蕴含的文化，就需要言传身教。然而，受到实物材料的制约，以及精致的工艺美术品经不起观众更近距离的、带有肢体触摸的赏析，这种种"门槛"使观众只能止步于观览橱窗内的艺术品，或是工艺大师的现场或录像视频。而艺术本身及工艺发展的历史，单凭有限的文字讲解并不能轻易引起观众的共鸣。这一困境同样也存在于苏州"百馆之城"中更多的中小型博物馆中。苏州博物馆西馆，作为将科技与博物馆教育、展演相融合的富有创新意味的新场馆，通过分析其馆中的场馆空间即功能的设置，或将可以为上述博物馆所借鉴。

苏州博物馆西馆中采用的数字展示，是博物馆展览的发展趋势。通过对视频、音频、文字、图片等媒体加以组合与应用，深度挖掘展览陈列的对象，以及对象关系所蕴含的背景、意义，可以实现普通实体展览难以实现的既有纵向深入解剖又有横向关联拓展的动态展览功能，促进观众的视觉、听觉等行为感知与配合，创造新奇的参观体验。展品既是展览的主要组成部分，也是展览主体呈现的重要载体，内容含义丰富且多元。重量级的展品的呈现，可以更清晰、全面地向观众传递学术成果和主题意涵。例如，琴曲《沧海一声笑》，年长一些的观众听到后，能联想到粤语歌曲；对那些对古琴古曲颇有造诣的观众来说，这是一首有历史渊源的古琴曲；而对更广大的观众来说，则较为陌生。苏州博物馆西馆借助触摸屏幕的设置，使古琴可以在屏幕端被触及并且发声，当手指顺着屏幕的指示拨动，便可以弹出一首《沧海一声笑》（图4-5）。这一"知识+互动触达"的设置不仅方便观众获取关于古琴、古曲的信息，而且能让观众通过身体互动，加深古琴文化与人体的联系。尤其对年幼的观众而言，这能培养他们的兴趣爱好。另外，对于博物馆而言，相较于实体古琴的维护成本，藏于屏幕后的古琴APP更便于维护与管理。这种寓教于乐的方式是苏州博物馆西馆重视教育功能的直接表现。借助科技化的传达方式，更凸显了苏州这座城市对于传统文化与现代科技的均衡化发展。

图4-5　触屏版古琴《沧海一声笑》

此外，苏州博物馆西馆注重将数字展示融入环境，成为实体展品之一。具体分析实体展览主题及环境特点，使数字展示本体与展示环境形成强关联，使观众在参观过程中不会产生接触过多技术手段的突兀感，使数字展示本体融入实体展览中。[1] 图4-6所示的是《已知·未知的互文》展览中的一角，通过看得见摸得着的头盔、鞋子、工具包、安全马甲，结合屏

---

[1] 童茵. 数字展示与实体展览多元融合设计的探索与实践：苏州博物馆"数字画屏"创新实例[J]. 科技与创新，2020（16）：148，151.

幕和展示货运仓库空间的巨大照片,伴随屏幕上播放着的快递仓库理货员正在接受采访的画面,观众仿佛亲临现场,进而更全面地感知快递行业一线从业者生活的不易,以此产生共情。

图4-6 《已知·未知的互文》展览

第五章 基于社交媒介的博物馆品牌传播

在互联网大行其道的当下，博物馆作为传统文化与现代文化的汇聚之所，在将自身管理系统（俗称"硬件系统"）升级到更具科技化的交互传达方式的同时，如何有效吸引更多新的观众来访？如何使新的观众成为固定回访的受众？又如何使原有受众在其关系网中自然而然地拓展新受众？这一系列疑问，势必困扰着苏州"百馆之城"名录中大部分知名度较低的博物馆。在苏州102家博物馆中，通过国家博物馆级别评定的10家博物馆知名度相对较高、建设较为完善，基本上有自己完整的运行机制。它们都有自己的公众号与官网，并且板块划分清晰、资讯丰富，有对博物馆的介绍与活动通知、相关文创商品线上售卖渠道、免费体验活动、观众及志愿者的征集报名、线上预约通道等。这些博物馆均免费开放，展览信息较为丰富，分为线上与线下展览，通过互联网传播活动信息，阅读数量较为可观。然而，除上述知名度较高的博物馆之外，苏州地区的大多数博物馆规模较小，没有自己独立的宣传网站和公众号，展览信息的传播也相对滞后，且仅在本地范围内传播。这些博物馆的运行机制较为单一，部分为免费开放，部分设在景区内，需要购买联票，但票价一般不贵，多在60元至100元。这些博物馆的教育价值往往大于其商业价值，主要是用于历史知识普及与道德教育。在文创产品售卖方面，以线下店铺居多，产品与当地博物馆文化相结合，但同质化现象较为严重，缺乏创新与品质保证。博物馆无法通过文创产品达到一鸣惊人的效果，进而吸引观众的眼球。

由此，对级别较低且知名度低的博物馆而言，依托社交媒体平台，将自己小而美的文化特色加以品牌构建，成为迫在眉睫的事情。有了新的且稳定的受众流，博物馆才能实现良性循环和自我升级。对于规模小、资金受限的小微型博物馆而言，通过社交媒体平台进行有效的品牌宣传是最为快捷、经济的方式，如果创意十足甚至可以达到一座皆惊的效果。在主流媒体与用户生成内容（User Generated Content，UGC）创作蔚然成风的数字媒体时代，通过社交媒体构建城市形象，为城市公共文化空间进行传播的鲜活案例屡见不鲜。通过对城市品牌形象传播的成功案例进行分析，并对苏州"百馆之城"名录中较为知名的博物馆的品牌传播进行解读，试图为其他小而美的博物馆在纷繁复杂的社交媒体平台中建立品牌传播形象给予一点建议。

第一节　社交媒介的包容性与多样性

早在 1920 年，我国就已出现关于城市形象的研究。1928 年，陈植在《东方杂志》上撰文强调：美为都市之生命，其为首都者，尤须努力改进，以便追踪世界各国名城，若巴黎、伦敦、华盛顿者，幸勿故步自封，以示弱与人也。[1] 但文中尚未出现"城市形象"这一专有名词。20 世纪 90 年代，我国学者开始逐渐关注城市形象的研究。[2] 以"中国城市形象研究"为关键词在中国知网进行搜索，可以发现，从 1997 年开始出现相关词条的文献。当时的学者围绕如何提升城市 CI 与城市形象问题进行探讨，[3] 此处的"城市 CI"是指城市 Corporate Identity，即运用企业形象识别系统的管理运营理念构建一个城市的形象识别理论系统。狭义来看，它是指诸如城市中的地标性建筑、广场、绿地公园等可被视觉识别的景观；广义来看，则包括城市的经济产业建设、精神文化发展情况等非具象化的内容。这一概念随着城市化进程的飞速发展，已经不再使用，取而代之的是对诸如"城市形象识别系统"（City Identity System，CIS）这类更确切的词汇与概念的分析与解读。学者对"城市形象"的定义进行了总结，认为其定义可以分为三种：一是城市形象包括城市的整体自然风貌及市民的形象表征，包含一些印象化的符号；二是城市形象指城市的外在表征，如城市的景观、楼宇建筑、道路交通设计等，此处或将涉及城市规划、建筑科学等学科领域；三是城市的文化精神内涵，指涉更为抽象的、符号化的内容，包括城市的文化历史底蕴，甚至是城市中所举办的代表性文化活动，等等。

---

[1] 张鸿雁. 城市形象与城市文化资本论（中外城市形象比较的社会学研究）[M]. 南京：东南大学出版社，2002：111.

[2] 邓元兵，李慧. CIS 视角下抖音短视频平台的城市形象塑造与传播：以重庆市为例 [J]. 浙江传媒学院学报，2019（2）：90-101，138.

[3] 彭靖里，安华轩. 论中国城市形象建设中的若干问题 [J]. 昆明理工大学学报，1997（5）：122-126.

直到 2010 年，据中国知网显示，中国城市形象研究达到小高峰，论文标题中开始出现"城市形象宣传片""城市标志"等字样，从艺术设计、建筑科学工程、景观设计等学科视角，对城市形象宣传与广告推广的功能性和功效性进行分析。究其原因，与北京奥运会的成功举办不无关联，知名的全球化赛事提高了以北京为代表的中国城市在国际上的知名度，而两年后的上海世博会同样提升了中国城市形象的国际美誉度。在随后的 10 年间，对中国城市形象的研究几经起伏。2014—2015 年的研究围绕着城市形象与对外宣传中跨文化传播进行解读，无论是在对外城市宣传片中，或是在国外文学作品中关于中国城市形象的研究，都凸显了城市形象由内走向外的明显特征。在 2017—2018 年的研究中，研究方向转为注重城市形象研究，诸如外国媒体报道中、影像中的中国城市形象研究，抑或是国内影像素材中的某个具象城市的宣传形象塑造研究。近年来，学者们热衷于对某个具象城市或影片中更具有针对性的城市形象进行研究。可以看到，对我国城市形象的研究趋于具象化。

随着互联网的发展和传播渠道的拓展，基于传播视域对城市形象的研究也越来越多，如何国平的《城市形象传播：框架与内涵》、陈映的《城市形象的媒体构建概念分析与理论框架》。2016 年至今为城市形象传播的新阶段，短视频媒体的发展为城市形象传播提供了新的平台，由此诞生了诸如重庆、成都、西安等民间、官方协同发力的"爆款"城市，短视频媒体以市民为传播主体，平台相互合作，为城市形象的传播提供了更多的渠道，城市形象在传播者、传播渠道、传播内容、传播模式方面都发生了剧烈的变化。

社交媒体一般是指人们用来分享和传播彼此的意见、经验、观点和资讯的工具或平台。在互联网中，人们以各种软件或平台作为社交媒体，以文字或者图像作为表达方式，在互联网中表达观点、传递信息。社交媒体自出现以来，作为现实生活的延伸，参与人数多、传播快，且发展非常迅猛。中国的社交媒体发展先后经历了网络论坛（BBS）、休闲娱乐、微信息和垂直社交网络应用 4 个主要时代。目前，对我国影响最大的是微信息社交网络，如微博、微信等，直播类的视频社交也在异军突起。2018 年，微博和微信的第一季财报数据显示，微博和微信的月活跃用户分别达到 5.50 亿人和 12.025 亿人。到 2020 年，我国网民规模已经达到 9.89 亿人，社交网站覆盖率超过50%。手机、微信息传播给传统的信息传播模式和形态带来了冲击，改变了人们的行为习惯和思维方式，也促进了人与机构之间的交流和互动，日益成为影响机构或企业发展的重要因素。

在目前多元文化发展和人们文化需求差异更加明显的背景下，博物馆要想获得长久的发展，必然要建立在不断满足观众持续增长且越来越"挑剔"的文化需求之上。博物馆越来越需要且想要拉近与观众的距离，并不断借助新的传播技术和方式来实现这一诉求。早在10年前，皮尤研究中心（Pew Research Center）发布了一份"新媒体与博物馆观众参与"报告。报告表明，在美国1 224个享受国家艺术基金会补助的艺术机构中，几乎所有的机构都在社交媒体平台上建有主页，大部分机构每天会更新网页内容，而他们的员工大多数也会以机构成员的身份开通个人社交媒体账号，从多个方面实现博物馆在社交媒体上的信息覆盖。网络与社交媒体现已渗透到博物馆的策展、展览、教育、慈善活动等方方面面，成为美国艺术领域中不可或缺的组成部分。

2011年是我国博物馆界的微博元年，社交媒体越来越频繁地出现在我国的博物馆领域内，以其强大的互动性、参与性和即时性吸引着博物馆和观众的目光。迄今为止，在微博上认证的博物馆（院）、纪念馆共有1 300余家（2021年3月数据），占博物馆总数6 183家（2021年国家文物局公布数据）的21%之多。越来越多的博物馆开通微博和微信平台，发布实物和展览信息，分享馆内资源。同时，越来越多的公众也使用社交媒体了解博物馆的相关信息，或发表参观体验，或上传照片，与大家分享并讨论。对以博物馆为代表的文化传播、公众服务机构而言，社交媒体的广泛应用，使公众之间、博物馆之间、公众与博物馆之间的实时互动交流成为可能。

论及江南文化、苏式江南、苏州等字眼，最先映入脑海的便是白墙青瓦的苏式园林或建筑，这是江南文化这个品牌在苏州这个城市所建立起的初始符号形象。城市形象是人们对城市的主观印象，是通过大众传媒、个人经历、人际传播、记忆及环境等因素的共同作用而形成的。而城市形象宣传片是最为直接的表达。中央电视台能播放苏州城市形象宣传片，代表着官方媒体对苏州城市形象的肯定。以苏州博物馆为代表的博物馆屡屡以参与者的身份出现在苏州城市形象宣传片等作品中。对于塑造"百馆之城"博物馆系统而言，博物馆如何利用社交媒体进行品牌传播，可以从城市本身及城市的公共设施是如何借助社交平台进行形象塑造与品牌宣传的角度进行分析。"城市形象宣传片意在突出城市本体的特色景观要素，形成整体的城市形象标识系统，这也决定了城市形象宣传片通常以宏大叙事的宣传导向为叙述目的，以重复性的标志性城市空间符号为叙事载体，对城市地理风貌的全景式观看成为城市形象视觉化的核心。"[1]

苏州城市形象宣传片在短短 30 秒内，详尽呈现了苏式元素。片头伊始，首先从航拍视角捕捉到了耸入云端的东方之门，随即俯视，姑苏古城区内，郁郁葱葱的树木与白墙青瓦的建筑进入视野，一片江南风韵，北寺塔、平江路、小桥流水、丝绸旗袍，平江路上形形色色如织的游人飞速闪过，其中还会穿插外地游客对苏州的传统认知，即苏式元素的代表符号一一得以展现。接着，一列飞速驶过的有轨电车，将画面转场，由象征苏州传统文化的北寺塔翻转至代表现代化苏州的国际金融中心。高铁、摩登大厦预示着在外部、内部资源交融下，苏州城市现代化的飞速发展。苏州本地学子与不同肤色的外国学子相聚在一起学习、运动，正如国粹昆曲与西方交响乐在这座城市共存。机械化的繁复流水线不停流转，码头港口矗立的成排的集装箱蓄势待发，展现了苏州的陆运、水运实力。随后，宣传片着眼于生活元素，最具代表性的阳澄湖大闸蟹与象征团圆的餐桌共同营造出了和美的生活氛围。酒足饭饱之后，或是观赏太湖美景、登高望远、自驾兜风，或是到苏州博物馆一览古今历史流变，在苏州都是触手可及的选择项。宣传片片尾，常熟市、昆山市、太仓市、张家港市，以及各个区一跃而出，共同构成苏州"都挺好"。

品牌口号（slogan）的运用在城市形象宣传片中十分普遍，通过寥寥数语，可以将城市的特征及优势迅速凸显出来，使所传递的城市形象在受众心中留下深刻印象。上海世博会前后，主题口号"城市，让生活更美好"不断地在媒体平台上轮番播放，伴随着城市形象宣传片中上海各年龄段市民的微笑、城市美好风貌，给观众留下了"在上海生活确实还挺好"的第一观感。"城市形象主题口号是特定语境的历史产物，在不同的时空维度下存在不同的机会选择。在城市形象识别系统中，城市形象主题口号是关键性的环节。城市形象的主题口号属于城市二维的视觉识别要素，但也蕴含

---

[1] 路鹃，付砾乐."网红城市"的短视频叙事：第三空间在形象再造中的可见性悖论[J]. 新闻与写作，2021（8）：59-67.

城市的精神识别要素。城市形象主题口号的建构,其核心要素无法脱离具有标志性的外在物质实体、城市生长历史以及城市发展的战略,其中包括城市中代表性自然风景、独特街区、著名建筑、民族特色等要素。一般而言,城市形象的传播充分采用空间的象征性价值和符号的浸润。任何城市的识别特征,或者市民日常生活品质呈现的象征意义,或多或少地被市民的个人生活方式所对照。在城市识别、城市历史、城市未来三个维度中,城市主题口号主要用煽情的话语概括最鲜明的特色,体现出更多的设计性与规划性。城市形象主题口号由于属于无意记忆的内容,应该易于识别、易于理解、易于记忆,在信息的狂轰滥炸中能够被受众注意和记忆。"[1]正如城市形象宣传口号中所蕴含的城市专属特色值得细细品味,博物馆对于宣传口号的运用也值得"大做文章"。

　　2021年的国际博物馆日,陕西省博物馆推出了"文物slogan大比拼"的系列海报。得益于陕西丰富的博物馆资源,每家博物馆都有镇馆之宝,通过"文物slogan大比拼"活动,各家博物馆中的珍宝相互串联,达到宣传陕西省博物馆的良好效果。此外,相较于针对文物的专业化解说,面向不同的文物类型,赋予流行性的宣传口号,更能契合当下互联网社交媒体平台传播者的喜好。例如,陈列于西安碑林博物馆的《邵陵六骏石刻》,将石刻带给人的震撼、距离感削弱,配以"我们是'骏马天团'"的标语,将流行文化与国宝文物所代表的传统文化有机结合。又如,收藏于汉景帝阳陵博物院的《跽坐侍女俑》,被赋予"江湖人称东方'蒙娜丽莎'"的标语,使原本只在文物圈小有知名度的文物,与西方著名画作《蒙娜丽莎》相联系,一下子"出圈"了,寥寥数语便迅速使观众了解文物的历史价值与意义。[2]

　　由于我国博物馆多为公立性质,具有公益性与普适性,且博物馆的宗旨多是将古今历史借由藏品向更广大的参观者进行展览,所以大多数博物馆并没有固定的彰显其特色的宣传标语,更多的是借由诸如世界博物馆日之类的活动进行展现。苏州的"百馆之城"名录中,最为突出的例子便是苏州博物

---

[1] 许加彪,王博. 城市形象主题口号的话语修辞与品牌营销研究[J]. 现代传播:中国传媒大学学报,2019(1):137-141.
[2] 陕西日报微博. 国际博物馆日:陕西文物slogan大比拼! 脑洞居然这么大![EB/OL].(2021-05-18)[2022-09-11]. https://weibo.com/3204856204/KfZROEgmT?layerid=4638127409596043.

馆本馆与西馆。早在苏州博物馆西馆开放之初，关于它的宣传概念片已经在苏州市民的朋友圈中引起波澜。苏州博物馆西馆的概念片长达一分半钟，片中以一位身着传统汉服的女性为引导展开叙事。虽然身着汉服，但这位代表着苏州博物馆的女性形象穿戴智能设备。她逐渐苏醒，意味着苏州博物馆西馆即将对外开放。醒来后，她发现自己身处一个由屏幕搭建而成的空间之中，荧幕上闪动着倒计时，强烈而有力地揭示了苏州博物馆西馆即将开放。伴随数字的跳动，女子身边原本披着神秘面纱的文物古玩逐渐露出了面貌。引人注目的是，片中运用了很多虚实结合的画面意象，暗指苏州博物馆西馆与本馆不同的特色——将屏幕交互、虚实光影有机结合，强调人与屏幕的互动，女性形象头戴的 VR 眼镜也时刻凸显着这一意象。整个概念片充斥着赛博朋克的未来科技交互感，视觉冲击效果十足，使观众对苏州博物馆西馆的新面貌充满了探知欲。概念片彰显了苏州博物馆西馆对未来未知领域、对虚拟世界的探索发现。这些元素无疑将本馆已经建构的传统苏式文化、主流文化的刻板印象打破，使苏州博物馆西馆闪耀着科技感。

通过运用赛博朋克元素以达到吸引新受众的效果，这在其他的城市、场所的宣传片中已经被多次运用。知名度较高的成功案例是重庆与长沙两座近年来深受年轻人关注的"网红城市"。"'网红城市'的出现引发了城市形象传播新思路，《短视频与城市形象研究白皮书》指出，'短视频的趣味性、碎片化特征和用户在移动端上的使用习惯令短视频平台上的城市形象传播出现新玩法。作为一种新兴传播现象，短视频实现了以影像方式聚焦城市形象某一纵切面的可能，在极短的时长与内容中通过打造传播符号抓取受众注意力，从而完成城市形象的再造与传播'。"[1]基于抖音平台的 UGC 短视频的城市形象宣传片，有一个基本的方法论，即 BEST（BGM、Eating、Scenery、Technology）法则[2]，包括城市配乐、本土饮食、城市景观、科技感。

以重庆为例，作为山城，重庆的城市交通具有鲜明的个性，道路交叠不均，网络上流传的"前方重庆，导航结束"的段子足以描述其诡谲特色，

---

[1] 杨琳，李佳欣. 影像·符号·重塑：短视频与城市形象传播：基于西安城市形象"网红"化的分析 [J]. 中国新闻传播研究，2020（4）：30-45.
[2] 清华大学城市品牌研究室. 短视频与城市形象研究白皮书 [EB/OL].（2018-10-12）[2022-08-15]. https://www.thepaper.cn/newsDetail_forward_2524573.

而这正映衬着影视文学作品中对未来都市的赛博朋克场景中城市道路折叠翻转的想象，由此使重庆自带赛博朋克"滤镜"，在夜空中城市楼宇与玻璃幕墙、霓虹灯的交相辉映下，用相机随手拍摄，便可以捕捉充满未来感的画面。"伴随新媒体技术的发展，丹尼尔·戴扬针对全新的传播环境提出'可见性'概念，以探索个体于传播实践中被看见的可能性。作为一种个性化影像表达形式，短视频利用镜头语言，以视觉主导的接收方式完成了标出性、跨媒介的符号流动。移动端短视频在传播中体现出极强的社交化、碎片化特征，短视频重在呈现某一事件或主题的纵切面，面面俱到的唯多思路与短视频传播中要求的短、快、准不符，以抓取能引起受众兴趣的传播符号实现'以少见多'式内容创作成为打造'爆款'短视频的核心思路。"[1]

而长沙借助风格各异的 UGC 片段式的短视频媒介，凝聚成了共同围绕"长沙"这一关键词展开的虚拟城市形象。"自我表达时使用的认同话语不断积累，形成'集体智慧'，强化了对受众的说服力。媒介融合时代，媒介镜像无处不在，我们既在'凝视'也在'被凝视'，通过相互的认知，形成'理想我'和'理想社会的模型'。近年来长沙突飞猛进的口碑与经济价值，应与以小红书 UGC 短视频用户为代表的受众参与有关，一定程度上助推了商品、店铺乃至城市破圈与商业资本的互利共赢。"[2]相较于传统媒体时代以官方为代表建构的城市形象，在 UGC 用户主导的社交、短视频平台，城市形象传播从官方强势主导演化成由数以万计的互联网用户共同参与、重构的多元集体创作。在 UGC 媒介的驱动下，大量短视频用户用新奇的城市文化符号与日常生活的图景碎片搭建起关于城市的虚拟空间形象。借由渠道优势和泛在性传播，短视频作为内容输出的中介手段，在城市形象媒介化的过程中发挥了强大的视觉表征作用，使抽象的城市概念具象化，触达了"网红级"的传播效应——居民与游客的自我表达、互动传播、再生性创作使城市成为"网红"的坚实基础。

借助短视频平台进行宣传，营造形象风格，同样也适用于博物馆。然

---

[1] 杨琳，李佳欣. 影像·符号·重塑：短视频与城市形象传播：基于西安城市形象"网红"化的分析 [J]. 中国新闻传播研究，2020（4）：30-45.

[2] 汉雨棣，刘子义，裴鑫. 公众参与下城市"神话"的建构：以小红书 UGC 短视频中的长沙形象建构为例 [J]. 新媒体研究，2021（19）：10-19.

而大多数博物馆，在宣传概念片之外，还是以更为保守的官方网站为渠道，进行非常有限的信息输出。现以苏州博物馆本馆与西馆的网站为例。作为苏州最具代表性且级别最高的博物馆，苏州博物馆官网的功能言简意赅。网页顶端分别设有首页、咨讯、展览、馆藏、文创、活动、苏州博物馆西馆、故宫学院（苏州）、古籍图书馆等，明确显示出了苏州博物馆涉及的范围。网页正中央则闪动着最近的活动展览信息。从官网上可以看出，苏州博物馆本馆是以建筑体本身为最大亮点进行宣传的，贝聿铭先生参与设计的建筑体本身就是最好的艺术作品，由此使得苏州博物馆的官网与其他诸如苏州丝绸博物馆的网页风格存在较大差异。作为苏州博物馆的附属场馆，苏州博物馆西馆的页面介绍更为简单明了，只设有简介、开放指南、基本陈列、观展须知、活动讲座几大类。读者极易获取信息，也能明确苏州博物馆本馆与西馆之间的从属关系，包括它们之间的风格定位差异。苏州博物馆西馆力图打造具有未来科技感且兼具寓教于乐功效的博物馆风格特色，因而官网页面的用色就更为大胆，采用动感明亮的橘色背景与粗黑体字相互映衬。然而，即便是最为大众化、普及化的博物馆官方网站，在"百馆之城"名录中，还有部分博物馆在管理上存在疏漏，这里以吴文化博物馆为例。

吴文化博物馆是地处苏州吴中区的综合性博物馆，于 2020 年对外开放。吴文化博物馆以本土吴文化为基础，将春秋战国时期的前吴文化及此后吴文化的兴起进行细致入微的展示，包括利用科技手段，借助屏幕与实物模型对良渚文化——吴地良渚遗址、三山岛遗址等代表性遗址中出土的文物进行展示，是一座了解吴文化发展的宝库。但吴文化博物馆受制于其博物馆级别及前期宣传，在知名度上远不如苏州博物馆。在吴文化博物馆的官网，设有线上展览，通过 3D 模式展示参观场景，这足以见得吴文化博物馆对科技化定位的良苦用心。

吴文化博物馆不仅设有官方网站，而且在社交类、图文类、影音类社交媒体平台进行宣传时也倾注了极大的心血。这一重视程度在苏州"百馆之城"名录中，只有苏州博物馆可以与之相匹敌。其他博物馆，抛开其文化资源的丰富程度与博物馆经营管理资金充沛与否不论，总体来说，缺乏擅用社交媒介进行品牌传播的意识，进而使得它们在愈演愈烈的对外宣传、品牌传播乃至基于博物馆品牌衍生的文创产品的消费创新中都处于劣势。

不同的社交媒介，因其兴起的时间和所处的发展阶段存在差异，侧重点不同，所定位的受众也不尽相同。以苏州博物馆为例，相较于抖音、小红书平台，它更依赖于微信公众号及小程序。苏州博物馆的公众号分为"认识苏州博物馆""参观苏州博物馆""爱上苏州博物馆"三个板块，分别标注了博物馆的参观信息、预约讲解服务与志愿者、文创衍生开发。小程序提供预约服务，游客到馆内后可依托手机端进行自助导览，便捷高效。此外，文创衍生开发板块，为苏州博物馆现有的文创产品、线上商城及天猫旗舰店进行宣传推广。苏州博物馆天猫旗舰店粉丝数超65万人，文创类型多样，包含珠宝、服饰、家居、食品、小物等，产品多为具有苏州特色的风情物件，并与多位设计师、多个品牌联名，打造了苏州博物馆独家IP，形成了一套完整的商业模式，创立了一套独特的运行机制。基于微信公众号的链接型宣传，不仅能辐射更多的游客，而且从侧面彰显出了苏州博物馆的综合实力。

第二节　图文类媒介传播分析

苏州湾博物馆坐落于东太湖畔，是由吴江区委、区政府推动建设的综合性博物馆。吴江历史悠久，在从新石器时代到近现代的 6 000 多年历史长河中，作为亲历者与记录者而存在，具有包含马家浜文化、崧泽文化、良渚文化在内的上千年的历史积淀。吴江的产业发展也值得关注，从早先的以地产资源开发为主的丝绸行业，到现在着力发展新材料、新能源、生物医药、食品加工四大产业，形成了产业集聚效应，值得留存的历史资料丰富。这也就使得苏州湾博物馆馆藏展品能够纵观古今，这在其他经济较为不发达地区是少见的。正是这样一家崭新的位于长三角经济带 GDP 百强区的博物馆，在其开馆之初，以现代化的市场需求去探寻社交媒介的运作与发展模式，才能最大限度地展现目前博物馆对于社交媒介的使用情况，议其优劣。对于苏州湾博物馆而言，因其自身定位为区级博物馆，展陈内容主要以图文类为主，辅之以动态的光影来呈现实景。

一、展馆内的图文媒介视觉展陈

"可参观性"文化从本质上说是一种以实体为基础的意指系统，与受众之间构成体验式的互动关系。尽管参观者对其文化的理解与解释借助"看"的实践，但其中具有丰富的行动过程，其间的互动极其深入。城市"可参观性"文化的表征借助于实体的表象，也是一种中介化的实践，构成参观者与蕴含文化精神的内容的"可参观性"景观之间的传播关系，具有现象学的直观意义，但缺乏移动性和张力空间。[1] 值得在今天的博览

---

[1] 周正. 新媒介语境下城市"可参观性"文化的呈现与传播 [J]. 呼伦贝尔学院学报，2017（1）：100-103.

会、博物馆和文化中心展示的东西并不一概或主要来自高雅文化，它们也同样来自"通俗"或"流行"文化。文化在社会经济生活的各个方面都产生了新的"可参观性"。这种文化转变的基础就是文化被看作可以掌握、可被消费的。展示趋向于把参观者看作积极的消费者，而不是权威知识的被动接受者。这就说明要对展览进行筹划，也就是要向更有互动性、"浸入"程度更深的展示模式过渡。这也意味着与参观者分享被展览的文化，而不是将两者隔离开。文化可以是购物，购物也可以是文化。

在对馆内的展陈进行分析之前，笔者先对苏州湾博物馆的外观做简单描述，毕竟展馆的外立面对观众能够产生最为直接的影响。苏州湾博物馆的外观由国际著名设计师操刀，兼具传统与现代风格，俯瞰与之相邻的苏州湾大剧院，两者交织成 S 形丝带状，将太湖的水域象征元素与江南丝织绸缎意向符号很好地融合。循着参观者的脚步，可以从地下或地面平台通过扶梯或楼梯来到位于二楼的博物馆入口。

从苏州湾博物馆由外向内探寻，行走在一楼大厅内仰视，几幅硕大的海报垂挂于上空，是常设展览的宣传海报。颜色不多，映衬着文字内容，着重凸显吴韵、太湖、江南等关键字，用字体与颜色的对照突出博物馆现代简约的风格定位。馆内的常设展览，在展陈设置与陈列方式上，与之前论述过的吴文化博物馆等相比，没有太多的标新立异之处。苏州湾博物馆借鉴了其他博物馆的布展精髓，已在尽可能大的范围内运用光影技术、LED 屏幕互动技术等。但是相较之下，布展使用的材料仍显简陋，较多地运用了纸板来展示文字与图片。并且由于常设展览的历史大背景与吴文化博物馆、吴江博物馆有较多重合之处，虽然视角不同，但很难有能够产生对比的部分。

二、社交媒体上的图文网媒交互

截至 2022 年 12 月，我国有约四分之一的博物馆在微信、微博等社交平台上开设自主账号，在功能上以展示馆藏文物、公布展览信息、宣传教育及学术活动等资讯为主。根据博物馆的不同层级，设有官方网页的博物馆数量相对较少，因而操作难度低、宣传力度强的社交媒体平台更受青睐。2011 年，广东省博物馆首先推出了"微信导览"服务，将微信功能与博物馆自身业务相结合，用手机添加"广东省博物馆"的官方微信账号后，就能看到相关展览的导览平台。按照指引发送编号，就可以获取展厅内对应藏品的介绍信息，总共包括37段微信语音、24张藏品图片和2段展览视频。博物馆及时发布各项活动信息，积极关注新媒体上公众对博物馆各方面的需求，以对文物、特色文化、展览等博物馆核心内容的把握，帮助人们了解博物馆业务，或者将博物馆自身的资源和相关主题活动结合起来，开展以兴趣为主导的博物馆线下传播活动，让人们与博物馆工作者在网络交流之外，也有面对面直接交流的机会，加强人际间的情感纽带，扩大自己的铁杆粉丝团体。[1] 通过这一方式，博物馆把"饭圈"、粉丝的互联网思维代入自身的宣传中，改变了公众对博物馆是"高大上"的精英阶层专属的刻板印象，进一步吸引更多年轻群体走进博物馆，对馆藏文物与展览内容产生兴趣，并将参观博物馆纳入日常生活安排中。

馆藏的布展陈设与活动也是有效吸引公众的重要因素。文物是相对静止的，而参观体验可以通过图文、视频方式动态表现。博物馆通过设置线上与线下的媒介交互活动，实时捕捉、收集观众的反馈，建立与观众的互动反馈机制，通过官方的社交媒体平台进行信息传达。借助社交媒体，博物馆打破了传统传播活动的时空限制，用丰富的信息传播形式，有助于博物馆建立起自身最优的传播模式。[2] 这一交互活动有利于观众建立"市民策展人"的身份定位。博物馆在收集运营问题与建议的同时，也获得了观众的支持，为其与城市各阶层社会组织的交流打下基础。观众对城市的文化发展更易产生归属感与认同感，甚至可能会加入博物馆志愿者的队伍。

此外，借助发达的电商平台，早在2010年故宫博物院就联合淘宝上线了"故宫淘宝"店铺。之后为更好地宣传故宫文创，开通了"故宫淘宝"新浪微博账号，遂形成双管齐下的互联网营销模式。3年后，微信公众号"故宫博物院"开通，作为微博平台的补充。

"故宫淘宝"新浪微博的粉丝数量现已突破96万人次，而这一数字在"故宫淘宝"微博账号开通之初可谓是天文数字，普通公共文化场馆常用的场馆文化历史介绍已不再能吸引互联网受众。从2015年开始，"故宫淘宝"微博一改古板的"教书先生"形象，开始结合网络热词与热点进行自

---

[1] 郑凡. 社交媒体下的博物馆发展与思考 [J]. 文物鉴定与鉴赏，2021（14）：139-141.
[2] 郑凡. 社交媒体下的博物馆发展与思考 [J]. 文物鉴定与鉴赏，2021（14）：139-141.

我宣传，有效地吸引了一大批年轻群体。故宫博物院的社交媒体品牌宣传针对目标客户群体，通过吸引眼球的内容或话题，利用微博连接广大用户与社交媒体平台，快速实现信息的传播，最终实现高效宣传与营销推广。而后借助对网络"亚文化"现象与语言的适配，故宫博物院团队开展"卖萌式"营销，更借势推出故宫文创系列产品，达到双赢。"故宫淘宝"的一则微博为了宣传一款附有"朕"字的抱枕，设计的文案是"抱朕、靠朕"，与"抱枕、靠枕"谐音，吸引受众眼球，让古代地位尊贵的历史人物接地气，拉近了彼此间的距离。在微信平台的宣传标语中提到"萌，是雍正帝日常生活中的重要内容；萌，即正义"，随后辅以"贱萌"的宣传文案搭配各种搞笑的图片和视频。在"故宫博物院"公众号上，"故宫微店"还推出了故宫主题系列表情包和壁纸。通过微信朋友圈的熟人社交进行口碑传播，在极短的时间内扩大了故宫文化和产品传播的深度与广度。[1]

国外利用社交媒体进行图文交互的研究主要围绕文创产品展开，关于博物馆文创产品的研究在国外有较深的学术积淀，由产品的营销进一步展开宣传。从广义的角度来看，网络营销是以互联网为主要手段，为达到一定的营销目的而开展的商务活动。从狭义的角度来看，网络营销是企业依托现代互联网技术、通信技术等来营造网络平台的营销环境，实现企业的经营目标而进行的一系列营销活动。无论基于哪个视角进行定义，网络营销都需要借助互联网技术手段。具体而言，包括但不限于搜索引擎条目设置、论坛、微博、微信和其他各类APP等。通过对部分文献进行梳理发现，围绕文创产品网络营销方面的研究并没有对媒体或者平台的类型进行垂直细分研究，只是从产品层面进行基本介绍，忽略了媒介平台的力量。因此，笔者通过对博物馆的微信公众号、微博、APP等社交媒体平台的建设及发布的内容进行研究，分析其主要的网络营销模式、网络营销策略及成功经验，以期为历史文化机构自身的品牌传播或文创产品营销提供借鉴。

随着互联网技术的发展，海量内容呈井喷状态涌入现代生活中，未来碎片化或孤立的内容在浩瀚的互联网海洋中很难生存。无论是内容发布方还是平台搭建方，唯有联合才能实现产品价值的最大化和品牌的有效传播。故宫博物院正是通过与其他平台的跨界合作，才扩大了其产品和品牌的传

---

[1] 史灵歌，孙子惠. 社交媒体时代故宫文创产品的网络营销分析 [J]. 牡丹江师范学院学报（社会科学版），2018（6）：8，19-24.

播范围及知名度,因此,多平台跨界营销应运而生,并成为网络营销的发展趋势。借助网络热点事件增加社会关注度,成为近年来屡试不爽的网络营销手段,微博的借势营销已经成为一种常见的现象。而在明星、"网红"、热门话题的基础上,故宫博物院的微博平台也经常使用借势营销的手段博得用户关注。微博作为社交媒体的一种代表类型,是以手机、平板电脑等移动终端设备为主要载体,为用户提供一个交互的、方便快捷的真实社交网络平台。与之齐名且具有代表性的"竞品"还有微信、小红书、抖音等。故宫博物院主要有两个微博平台:一个名为"故宫淘宝",主要宣传故宫文创产品、发布产品信息及与用户互动等;另一个名为"故宫博物院",是故宫的官方微博,主要宣传故宫的文化。

纵观故宫文创的网络营销模式,可以给苏州"百馆之城"名录中的博物馆的网络营销带来一些启示。在网络宣传方面,博物馆可利用网络发布广告,制造网络新闻的热点,建立官方微博、微信公众号或者论坛等。博物馆还可与其他媒体平台进行合作,发布有关产品销售或者促销的广告信息,进行品牌传播和推广。在网络营销方面,网络专卖店可以作为线下实体店的补充,通过与电商平台合作,在网络平台建立专卖店。微信公众号可通过营销软文吸引用户的关注,也可以开发一些小程序等与用户进行互动。同时,微信平台也要设置电子商务功能,用户可以在微信平台进行商品信息查询,下单并支付。另外,微博平台也是与用户进行互动交流的社交媒体平台,博物馆可以开设微博账号,对文化及产品进行宣传。网络营销是馆内商店的延伸,可以提高博物馆的知名度。用户可以浏览网站及平台上的各种信息,通过网络营销来打开并占领市场。

在借鉴了故宫文创的成功范本后,放眼苏州"百馆之城"名录下的博物馆,它们对于微博及微信公众号的运用情况如何呢?笔者采用两种方式分别对苏州"百馆之城"名录中的博物馆进行随机抽样,再进一步观察其在微博、微信公众号上的表现。

首先,基于不同地区与类别的博物馆进行抽样,分别抽取了具有地方差异性的苏州博物馆、常熟博物馆、吴文化博物馆。常熟是苏州的县级市,常熟博物馆作为苏州的地区博物馆入选,而吴文化博物馆作为吴中区的代表性博物馆具有区域特色,因而入选其中。

其次,基于博物馆的类别,分别抽取了苏州丝绸博物、苏州碑刻博物馆、苏州评弹博物馆 3 家代表苏州非遗文化特色的博物馆，将它们作为特色文化与技艺类型的博物馆代表，对这类博物馆的图文类媒介传播进行分析。

从表 5-1 可以看出，所选的 6 家博物馆在微博平台上的传播表现存在较大差异。从整体来看，作为苏州最负盛名的博物馆，苏州博物馆的粉丝最多，达 53.9 万人。截至 2022 年 4 月，苏州博物馆博文发表数量也最多，达 14 000 多条；而从博文的互动量来看，基本上每条博文都会获得点赞，并且有少量评论与转发，有固定的愿意进行互动的粉丝，这与苏州博物馆日常注重在微博中利用话题功能或者依托博物馆的线下互动进行虚拟与现实的连接有关。微博话题功能，可以将更多的非粉丝群体借由某个共同话题聚集到同一个页面中，不管在不在苏州，哪怕没有关注苏州博物馆，只要输入"春日巡游季"，便可以参与到同一个话题中来，页面中显示的内容包括但不仅限于苏州博物馆，涵盖了更广的信息。简言之，微博话题功能能迅速打破既定圈层，以便接触到更多在某一方面有共同兴趣的陌生受众。值得一提的是，自 2022 年 3 月 14 日苏州受新冠疫情影响，全市博物馆按要求闭馆以来，苏州博物馆利用云端游览等概念，创建了诸如"春日巡游季""约会博物馆""宅家看苏州博物馆"等微博话题，契合时节、风景等跨界话题，持续推送博文，相较于其他博物馆在闭馆后的微博发文表现，这一点显得尤为难能可贵。

表 5-1　6 家博物馆在微博平台上的传播表现

序号	博物馆名	关注量/个	粉丝量/人	博文总数/条	点赞、评论、转发数量	有无微博蓝V认证	互关
1	苏州丝绸博物馆	90	7 498	409	基本无转发与评论，极少数博文获得点赞	有	苏州碑刻博物馆、苏州评弹博物馆、吴文化博物馆、苏州博物馆、常熟博物馆
2	苏州碑刻博物馆	226	3 231	5 070	—	无	—
3	苏州评弹博物馆	361	3.1 万	5 031	极少	有	—

续表

序号	博物馆名	关注量/个	粉丝量/人	博文总数/条	点赞、评论、转发数量	有无微博蓝V认证	互关
4	吴文化博物馆	711	2万	3 304	10~20条评论、转发,点赞量保持在每条6~20个	有	—
5	苏州博物馆	411	53.9万	14 090	点赞多,少量评论转发	有	—
6	常熟博物馆(常熟博物馆文化表情)	287	8 704	3 530	几乎无评论、无转发、无点赞	有	—

  吴文化博物馆与苏州评弹博物馆分别有粉丝2万人与3.1万人,博文总量也相差不大,分别为3 304条与5 031条。在点赞、评论与转发数量上,吴文化博物馆就显得更具有互动性,基本每条微博都有点赞、评论与转发,虽然数量不多,但是较为稳定,可以与苏州博物馆的互动频率比肩。类似地,吴文化博物馆在新冠疫情期间也注重云端互动,除了与苏州博物馆有类似的一些互动话题外,还积极参与诸如"聊聊吧博物馆"这类业内人士广泛参与的互动话题,与各地各类型的博物馆展开互动,在一定程度上扩大了吴文化博物馆的知名度。苏州评弹博物馆虽然粉丝比吴文化博物馆多,但是平时的互动数量不多、互动频率也不高、发博周期较长,由此可以推测其关注者多为评弹、昆曲爱好者。作为中国传统戏曲中最古老的剧种之一,昆曲被纳入了联合国人类非物质文化遗产代表作名录。苏州作为这一历史悠久的剧种发源地,对其非遗文化的宣传与传承发展责无旁贷。从苏州评弹博物馆的微博内容中可以发现,博物馆很注重运用线上与线下结合的形式,如"粉墨工坊"曾推出开心画脸谱线上活动,通过网上报名和线下参与的方式,将活动记录"反哺"于线上的后期宣传,给博物馆的宣传起到了推波助澜的作用。但对比苏州博物馆与吴文化博物馆的高密度"云端互动",苏州评弹博物馆并没有有效利用直播、微博话题等新兴传播方式,还是忠于传统的图文类宣传,然而评弹与昆曲的魅力更需要全景式、沉浸式的氛围营造,如此才能更充分地呈现文化精髓。

  3家具有非遗文化特色的博物馆中,除苏州评弹博物馆外,在微博平台上，苏州丝绸博物馆与苏州碑刻博物馆更显门庭冷落，虽然它们都有一定的粉丝，但是基本无互动行为。苏州丝绸博物馆拥有粉丝7 498人，但基本无转发与评论，只有极少数博文获得点赞，目前共发文409条。而苏州碑刻博物馆有粉丝3 231人、博文5 070条，最新的博文停留在2018年2月1日，基本可以认为是弃号状态。更令人惊讶的是，苏州碑刻博物馆甚至都没有经过微博认证，仅为个人账号。在博文内容上，苏州丝绸博物馆试图加入融媒体传播的大环境中，曾与喜马拉雅合作推出《从织造署到紫禁城——运河上的丝路故事声音展》"云展览"。这是一个通过声音传递信息的展览，非常特别，具有一定的创新性，能够在"云展览"中崭露锋芒。声音展览一共含20期节目，在喜马拉雅平台上获得了15.1万次的播放量，可以说是举办得较为成功的。可惜的是，在微博上，这一宣传博文没有任何互动评论、点赞和转发，甚至没有与喜马拉雅官方号进行联动。喜马拉雅官方号在微博平台上有近千万粉丝，并且经常利用话题工具互动。如果苏州丝绸博物馆的声音展览能与其合作，会给双方引流更多的非目标受众。微博平台上的各类型工具，从蓝V认证到话题工具，是非常便利的将微小个体引入更大话题池的有效方法。对苏州"百馆之城"名录中其他有类似情况的博物馆而言，高效利用这些工具和方法，是实现经济效益且能保持原有的、熟悉的图文类媒介传播的不二法门。

常熟博物馆作为区域的代表性博物馆，与苏州博物馆、吴文化博物馆相比，粉丝量与博文总数远远落后，有粉丝8 704人，没有过万，博文总数为3 530条，最后更新于2022年3月14日，之后便再无更新。从互动性上看，所发博文几乎无评论、无转发、无点赞，互动性较弱。寻根究底，常熟作为经济发达的县级市，拥有深厚的文化底蕴，由此推测其博文市场与市民的文化素养、文化消费意愿具有一定的基础。那么，为何由微博账号呈现出的关注度与互动性存在感不强呢？笔者认为，这与其微博账号名称存在一定关系。常熟博物馆的微博账号为"常熟博物馆文化表情"，虽然有蓝V认证其确实为常熟博物馆官方微博，但是这个名字存在一定的迷惑性。常熟博物馆文化表情，从字面意思上来看，这个微博账号应该是关于表情的，既可以是文字又可以是图片，无论以何种形式呈现，都无法代表整个博物馆。关于"文化表情"，在博文中也没有着重解释或者设专栏内容。关于为何要取这一概念模糊不清的名字，笔者仍有诸多不解，相信这一困惑也对博物馆的粉丝量与互动量产生了负面影响。

除通过上述随机抽样方式对"百馆之城"名录中的博物馆进行样本分析外，为了扩大样本量，笔者对苏州广播电视总台的"百馆之城"名录根据编号进行随机抽样，抽取了如表5-2所示的12个样本，其中，金鸡湖美术馆与常熟美术馆属于美术馆性质，从严格意义上讲，两者并不是博物馆，所以摒弃无效样本后，增加了吴门书道馆。表5-2相较于表5-1，不仅在样本数量上进行了扩充，并且着重对上述样本的微博、微信公众号进行分析。微信公众号是除微博之外，在公共文化场馆使用率较高、被关注较多的平台。目前，微信已经在日常生活中取代了短信，形成了熟人社交圈。就互动性而言，相较于微博的陌生人圈，微信朋友圈中的宣传、转发互动的回应率更高，促成了许多"微信朋友圈爆款文章"，并得到了社会的广泛关注。由此，有效使用微信朋友圈进行以图文为主的宣传，可以帮助博物馆拓宽现有受众群体的熟人圈，达到层层突破的效果。但通过对抽样样本的观察发现，博物馆在选择宣传媒介时，更倾向于使用微博而非微信。样本博物馆总体呈现知名度低、关注度低的状态，其中，工艺美术类博物馆与类别型文化博物馆表现得尤为明显。工艺美术类博物馆包括苏州工艺美术博物馆、苏州古代石刻艺术博物馆、锦溪古砖瓦博物馆。除苏州工艺美术博物馆之外，其他几个博物馆都没有在微博和微信公众号上建立账号，几乎没有在社交媒体平台上进行自我宣传。

表5-2 对苏州广播电视总台的"百馆之城"名录随机抽样所得样本分析情况汇总

序号	抽样号	博物馆名称	微博号情况	互动	微信号情况	关联账号	原创内容	微信小程序
1	70	苏州状元博物馆	蓝V，关注量43个/粉丝63人/博文61篇（认证：苏州圣博文化传播有限公司）	最近发文日期为2021年8月31日，内容更新慢，基本无互动和评论	无	苏州文旅集团	—	无
2	85	苏州古代石刻艺术博物馆	无	—	无	穷游网、搜狗百科	—	无

续表

序号	抽样号	博物馆名称	微博号情况	互动	微信号情况	关联账号	原创内容	微信小程序
3	3	常熟博物馆（常熟博物馆文化表情）	蓝V,关注量287个/粉丝8 704人/博文3 530条	几乎无评论、无转发、无点赞	有,认证	—	原创内容28篇;"常来常熟"官微(视频号)	无
4	55	苏州阳澄湖舟船文化馆	无	有博文定位	无	今日相城	—	无
5	102	金鸡湖美术馆	—	—	—	—	—	无
6	23	沙溪文史馆	无	"太仓发布"微博号在帮助宣传	无	太仓发布、旅游号	原创内容29篇	有
7	68	苏州工艺美术博物馆	无蓝V,关注量44个/粉丝387人/博文71条	最近发文日期为2022年3月4日,与苏州博物馆#宅家看苏州博物馆话题相互动	有,认证	御文研学、叙姑苏、苏州博物馆、苏州发布等	—	—
8	29	锦溪古砖瓦博物馆	无	—	无	马蜂窝旅游网	—	无
9	33	顾炎武纪念馆	无	在"昆山旅游"的博文中被提及	无	玉峰文苑	—	无
10	66	苏州市初心馆	无	党建教育式场馆,被"姑苏发布""苏州公安"等号提及	无	《苏州日报》	—	无

续表

序号	抽样号	博物馆名称	微博号情况	互动	微信号情况	关联账号	原创内容	微信小程序
11	5	常熟美术馆	—	—	—	—	—	—
12	88	吴门书道馆	无	被旅游博文提及	有，认证	苏州文艺	—	无

　　苏州工艺美术博物馆作为地区性工艺美术类博物馆的代表，更具有融合性、多元性，从整体而言，宣传和管理比较有条理，不仅开设了微博账号，也有微信公众号。相较之下，苏州工艺美术博物馆对微信生态链倾注的心血更多。其微信公众号申请了官方认证，而微博账号仍是没有官方认证的个人账号，因而也使得微博的粉丝数量不多，进而博物馆对微博内容的发表也不积极，博文总数只有71条，最近的博文停留在2022年3月4日，之后便再无新内容生产。即便在苏州工艺美术博物馆的博文中有意识地通过诸如"宅家看苏州博物馆"的话题与苏州博物馆进行联动，但其自身的内容产出时效性低且缺乏创新，由此可以看出苏州工艺美术博物馆对微博账号管理的倦怠。与之相反的是，苏州工艺美术博物馆在微信公众号的管理上，不仅将头像更换为精心设计的图标，而且设置了三大功能菜单与自动推送，及时推送博物馆目前开馆和闭馆的相关信息。微信公众号底端的三大菜单分别为工博指南（包括对博物馆的介绍、参观指南、学校团体预约、免票新规及工艺美术博物馆商店）、工博动态（特展讯息、工博馆藏精品、工艺小百科）、活动预约。截至目前，苏州工艺美术博物馆共成功举办体验活动近50场，包括折扇、缂丝、苏绣等非遗文化技艺，每场活动的预约页面平均有超过500次的阅读浏览量，可见宣传的效果比较理想。

　　而在类别型文化博物馆样本中，苏州状元博物馆与常熟博物馆、苏州阳澄湖舟船文化馆、沙溪文史馆、吴门书道馆的情况各不相同。苏州状元博物馆与常熟博物馆均设有微博账号，并且都经微博官方认证。常熟博物馆的粉丝量与发文量都远超苏州状元博物馆，并运营着微信公众号，甚至还开设有"常来常熟"微信视频号。虽然其微信公众号的原创内容不多，仅有28篇，但是能够窥见常熟博物馆对于在社交媒体平台上进行多方位、多形式的运营宣传的"野心"。苏州状元博物馆的微博认证方显示为苏州圣博文化传播有限公司，可以理解为它是负责运营其账号的责任公司。但苏州状元博物馆作为公共文化事业单位，在微博介绍栏中却显示实体经营性公司名称，笔者认为这对博物馆的公共性与公益性形象是有负面影响的。苏州状元博物馆的微博账号最近的发文是在2021年8月31日，后续便再无内容更新，此前的评论、互动、点赞数量也非常少，可以忽略不计。苏州阳澄湖舟船文化馆、沙溪文史馆分别位于相城区阳澄湖畔与太仓市，更多情况下是被视作景区的组成部分，这两个博物馆更多地依附于地方号、文旅号的连带宣传作用，自身并没有实际在微博与微信平台进行宣传。譬如沙溪文史馆，没有微博号或微信公众号，但因为地处太仓市，所以能够在"太仓发布"的微博与微信号中搜索到与之相关的推广讯息。吴门书道馆则专注于对吴门书法的源起与发展历史进行展示，可能因其更为小众，所以没有开设微博账号。但开设有微信公众号并申请了官方认证，原创内容仅2篇，且并无子菜单设置，日常宣传会与"苏州文艺"等公众号进行联系，据此可以认为其受众确实是以熟人圈为主。

此外，还有苏州市初心馆，这是一个具有党建性质的博物馆，更注重党史教育，所面向的受众也相对固定，其管理、预约流程更多地采用有组织、有预约的团体访问模式。因其特殊的对口传播模式，在日常对外宣传上并不需要花费太多的精力，所以并没有运营微博或微信。在其他关于苏州的官方账号中会适时出现关于苏州市初心馆的宣传文稿。

由上述抽样分析可见，在互联网时代，对于关注度较高、流量较大的以微博与微信公众号为主的社交媒体平台，只有个别体量大、级别高的博物馆才能做到顺应时势，积极拥抱互联网浪潮，通过聘请专业的运营者，专岗专设，将博物馆的内容传播做到广而告之。而对于更广大的苏州"百馆之城"名录中的博物馆而言，专岗专设用于博物馆宣传所耗费的人力、财力固然是客观影响因素，但更多的还是主观上的不重视，才会出现随波逐流地开设账号但中途弃号等现象。鉴于此，各类博物馆应首先从管理运营意识上转变思路，找到适合自身博物馆发展的品牌传播方式。是继续稳中求进还是另寻突破口，这也直接影响着媒介传播方式的选择。从现实出发，选择一种方式先用扎实的内容服务吸引一批稳定的粉丝群，再逐个突破，发展其他方式或运用其他平台。

第三节　影音类媒介传播分析

近年来，除图文类媒介之外，以抖音平台为主的影音类媒介也似龙卷风般席卷全球，小红书也顺势发展，从最初的专攻图文内容转型为集图文、影音视频于一体。由于发展势头过于迅猛，几年之间，抖音和小红书已经成长为行业内的独角兽企业。但在抖音和小红书刚推出的时候，受制于它们当时的发展定位与受众群体，作为具有事业单位性质的博物馆是不会与这类型媒体合作的，正如早期的草根文化与高雅文化之间存在巨大鸿沟一般，两者面向的领域是割裂的。而如今，根据对苏州"百馆之城"名录中的102家博物馆的调研发现，有10家博物馆在抖音上开设了账号，拥有一定数量的粉丝群体，并且依据不同媒体平台的类型推出了相应的个性化内容。例如，在抖音上，依托短视频的视觉化冲击特性，推出了丰富多彩的有关藏品及其背后故事的知识类视频，广受欢迎。

从早先的保守选择，到现在依托影音类媒介中的独角兽企业百花齐放地进行传播、推广，博物馆在选择传播方式上经历了管理心态上的变化，而这最重要的影响因素无疑是文化消费市场的导向，大众已逐渐习惯使用以短视频、流媒体为代表的影音类媒介，尤其是"Z世代"。另外，以小红书、抖音为代表的影音类媒介的传播形式也在为迎合更多、更广泛受众的内容需求，在国家对内容管理的把控中找到相对的平衡点。

小红书是一个以生活为区块，以客户自主为链条的类似区块链的社交消费软件，以用户的原创内容吸引具有相似爱好的消费者为宣传手段，通过用户的自主分享与推广，为其吸引了大量"小红薯"（小红书粉丝昵称），体现了众包时代的宣传优势。小红书以自营及第三方电商平台为盈利手段，在短期内瓜分淘宝、京东的市场，并填补了海外购物攻略资讯服务的市场空白，为用户提供保税服务，与用户实现双赢。

2013年，标榜为用户购物分享平台和消费决策入口的小红书上线。随后，主打海外购物的小红书电商开始入驻。2019年4月19日，《人民日报》对小红书模式表示肯定，称用户推荐的进口商品拉动了消费购买力。在小红书上，用户在购买物品之外，更注重消费体验的分享，让口碑成为品牌升级的驱动力，也让"内容种草"成为流行。中国人民大学博士研究生小耿称："这些兼具分享与购物功能的平台，一定程度上激发了我的购买欲。如果平台上有购买链接，我购买的可能性会更大一些。"截至2019年7月，小红书APP用户数已超过3亿人。如此庞大的用户群体，为小红书目标受众市场的细分提供了现实基础。小红书商店盈利的核心是用户在小红书社区中受到影响，渴望便利地得到某产品。移动互联网时代，技术将内容的生产、输出及个体间的互动串联起来。在用户至上的时代，小红书社区具有先天的优势，利用技术对用户使用痕迹进行记录，经过数据分析取得用户画像，了解用户的真实需求，在此基础上进行第三方产品的上架。可见，走市场细分化、产品精英化道路，可更好地满足长尾市场的需求。同时，数量庞大的大众化产品实现了错位竞争，减少了生态位重叠，为产品拓展留下了更广阔的空间。

进入21世纪，Web 2.0的发展改变了用户和互联网的关系，用户由原来的网站使用者和信息接收者转变为参与者和信息制造者。同时也满足了用户之间通过互联网沟通、交往和互动的需求。随后，以Web 2.0为基础发展起来的"社交网络服务"（Social Networking Services，SNS）是基于互联网为用户提供各种服务的网络社交平台。移动网络技术的发展和智能手机的普及进一步促进SNS的运用，为人熟知的社交媒体应用纷纷出现，国外有脸书（Facebook）、推特（Twitter）、照片墙（Instagram）和优兔（Youtube）等，国内则有微博、微信和抖音等。社交媒体指用户通过建立线上社区来分享资讯、想法、个人信息和其他内容（如视频）的各种数字化沟通方式。利用社交媒体多重互动的传播模式，博物馆能够更好地与公众沟通交流，发挥自身的宣传和教育功能。为适应用户社交方式的转变，博物馆也快速跟上步伐，社交媒体成为继网站之后被博物馆广泛应用的线上宣传平台。《艺术新闻》（The Art Newspaper）于2020年3月发表的统计数据显示，目前全球范围内最受博物馆欢迎的社交媒体，前三名分别是Twitter、Instagram和Facebook，而世界范围内在社交媒体拥有的粉丝数量排名前五位的博物馆分别是纽约现代艺术博物馆（粉丝数1 244万人）、大都会艺术博物馆（粉丝数979万人）、泰特美术馆（粉丝数931万人）、卢浮宫博物馆（粉丝数770万人）和古根海姆博物馆（粉丝数673万人）。社交媒体的应用能满足博物馆向外拓展的需求，提高知名度，培养潜在观众，增加实际到馆参观人数，产生潜在经济效益。如今，几乎没有博物馆会拒绝社交媒体的加入。

然而，社交媒体的广泛应用也带来了一些新的问题，这主要体现在三个方面，分别为博物馆与受众的交互、大众文化与高雅文化的博弈、馆藏展示方式的更替。具体而言，对于博物馆与受众交互方式的改变，社交媒体的普及使博物馆需要顺应时代需求做出改变，不再拘泥自身定位发展与传统的学术科研机构，现在的博物馆是平易近人的文化信息输出者，与参观者形成互动交流。对于大众文化与高雅文化的博弈，也可以解读为在高度市场化的当下，博物馆是选择流量化的高度曝光，还是坚持高雅文化的亲民输出。获得流量需要一定程度的"博出位"来制造话题，这与博物馆作为公共文化场所的"庄严肃穆"极易产生冲突，如何掌握其中的尺度尤为关键。而对于馆藏展示方式的更替，其实是顺应上述两个方面，都在强调博物馆如何调整以满足当下受众的需求。从世界范围的博物馆来看，馆藏资源公开是一种发展趋势，信息技术的发展使藏品资源实现了数字化，而社交媒体则提供了沟通和交流的平台。博物馆"以物为中心"的观念正逐渐发生变化。对于藏品的诠释，博物馆也从"权威的讲述者"转变为"包容的聆听者"。

博物馆作为文物的收藏聚集地，每一件文物都是对特定社会文化、经济、政治活动等的反映，表达了特定的社会生活和文化形态，不仅展现出强烈的地域特征，还呈现出不同的时代特色和民族特色。近年来，博物馆也采取了许多措施传播、推广，但是远远不能满足社会大众对博物馆文化的消费需求。美国著名的传播学家约书亚·梅罗维茨（Joshua Meyrowitz）在20世纪80年代提出了"媒介情景理论"，在《消失的地域：电子媒介对社会行为的影响》一书中阐释了媒介、情景与行为三者之间的关系。该理论指出，情景是一种信息系统，电子媒介的产生和发展促成了许多旧情景的合并。对于不同的情景，人们会做出不同的行为反应。在"互联网+博物馆文化"的创新传播中，网络新媒体的运用改变了原有的获取情景，使得人们可以更加快捷、方便地了解文物和历史知识。在此认知的基础上，博物馆通过互联网载体创新观念、内容和玩法，不断吸引观众到博物馆与文物进行更深层次的"会晤、对话"，以抖音为代表的短视频平台便是时下流行的内容传播方式。[1]

以苏州博物馆为例，其入驻了微博与抖音平台，但无论在哪个社交平台，都存在一个明显的问题，即只注重输出，忽略了反馈。经观察发现，苏州博物馆在微博上的日互动量仅为 1 000 条左右，与其近 50 万的粉丝数量不成正比，即使除去一些"僵尸粉"，以苏州博物馆较高的发博量，其互动程度也不应如此低。同样，在抖音平台上，苏州博物馆共发布了 16 个作品，但仅获得 700 余个点赞，而其他个人账号，单独一条视频轻松破万的点赞量比比皆是，可见苏州博物馆在抖音平台上并没有高流量的作品产出。进一步观察其评论可见，即使粉丝在微博或抖音上评论，尝试进行互动甚至引流，苏州博物馆的官方管理人员都没有及时给出回复与解释，甚至包括提问类的有明确指向性答案的评论，都没有得到关注。久而久之，受众的互动意愿在官方账号的"冷落"下也渐渐消失，进而造成官方单一输出的局面。

博物馆是历史文化的记录者，而文物是时代的见证者，作为凝结了中华传统文化的文物，在历史文化传承方面的作用不言而喻。博物馆对于文物的宣传主要是以直观的方式介绍和讲说历史，使观众在参观的过程中受到教育。而短视频中的文物，褪去了冰冷的说教形象，转变成了短视频用户网络狂欢的对象。在这场狂欢中，一方面，受众的注意力不再停留于对文物的解说和认知，而是转向文物的形态上；另一方面，用户更多的是被文物差异化的形象吸引，配上滤镜，加上贴纸，都是为了让文物更加生动有趣。短视频用户更在意如何赋予冰冷的文物以活力和动感，如何让内容故事化、情节趣味化，而对国宝的本来样貌、国宝背后的文化意涵缺乏关注。文物类纪录片或电视节目，更多的只是单向传播，受众的参与感不强，反馈渠道也不便利。短视频之所以兴起，社交属性是其中一个关键的因素，用户之间可以点赞、评论和转发，还可以即时分享、频繁互动，极大地满足了用户的社交需求。

用户从被动接受到主动参与，实现了传播者与受众的角色互换，激发

[1] 何志方."互联网+博物馆文化"的创新传播：媒介、情景和行为[J].神州，2020（5）：33.

了全民创作的热情和灵感。同时，通过抖音平台的转发和分享，会吸引更多观众到博物馆"打卡"。作为博物馆官方账号，还可以发话题，引发更多受众参与讨论，产生口碑效应。这种效应不仅可以带动线上对于某一类文物短视频的持续关注，而且能激发受众的兴趣，吸引更多的人参与博物馆举办的线下活动，有利于形成深度的社交互动。

基于对苏州102家博物馆的媒介账号与社交平台的观察，现罗列部分博物馆以进行比较（表5-3）。

表5-3 苏州"百馆之城"名录中部分博物馆

序号	博物馆名	抖音账号	小红书发文量	经营类别
1	苏州博物馆	苏州博物馆	多	—
2	吴文化博物馆	吴中博物馆	较少	—
3	苏州御窑金砖博物馆	苏州御窑金砖博物馆	多	—
4	六悦博物馆	六悦博物馆Six Arts Museum	多	民营
5	常熟博物馆	—	—	—
6	中国昆曲博物馆	—	—	—
7	苏州评弹博物馆	—	—	—
8	张家港博物馆	—	—	—
9	翁同龢纪念馆	翁同龢纪念馆	—	—
10	常熟美术馆	—	—	—
11	宋文治艺术馆	—	—	—
12	太仓博物馆	太仓博物馆	较少	—
13	太仓美术馆	昆仑堂美术馆	较少	—
14	西山地质博物馆	—	—	—
15	苏州碑刻博物馆	—	—	—
16	苏州丝绸博物馆	—	—	—
17	苏州革命博物馆	苏州革命博物馆	较少	—
18	苏州生肖邮票博物馆	—	—	民营
19	苏州名人馆	—	—	—

续表

序号	博物馆名	抖音账号	小红书发文量	经营类别
20	苏州教育博物馆	—	—	—
21	苏州东吴博物馆	—	—	—
22	西交利物浦大学博物馆	西交利物浦大学博物馆		
23	苏州苏帮菜餐饮文化博物馆	苏帮菜博物馆	—	民营
24	苏州美术馆	—	多	—
25	严文樑纪念馆	—	多	—
26	金鸡湖美术馆	—	较少	—

吴文化博物馆在微博、微信、小红书、抖音平台均开设了账号，是继苏州博物馆之后，在社交媒体平台上进行品牌宣传和运营频次较高的博物馆。吴文化博物馆在日常展览与特展的选择上，相较于其他博物馆，更注重科技化概念、技术化光影的运用，更具有现代感与未来感，这也是其吸引广大年轻受众的原因，并注重在青年用户较多的社交媒体平台上进行传播。以吴文化博物馆为具体案例进行分析，探讨其在上述不同类型的媒体平台上的品牌传播实践及具体表现，总结出品牌传播实践中的共性与差异性，以期为苏州"百馆之城"名录中的其他博物馆提供参考。

如前文所述，微博、微信、小红书、抖音四大平台，虽同为社交媒体平台，但所面向的受众群体不尽相同。微博，注重图文传播，以陌生人圈社交为主，近年来已演化为全民的舆论场，因此，受到更多的言论管制。但同时，微博作为最早且最具代表性的网络公开发声平台，集聚了广大受众，极具代表性，尤其是其蓝 V 等认证系统也是较早的官方认证系统之一。微信，更注重熟人社交，在此基础上与腾讯旗下的其他 APP 联动，提供微信公众号、微信小程序、朋友圈"图文+视频"内容推广的组合。公众号负责基本的宣传、引流；小程序承接更多外部链接操作，注重实际的工具效能。小红书，与微博、微信相比，早先更具商业气息，一度成为海淘、代购、炫富的代名词，后经过转型，从生活用品到高端奢侈品的售卖"种草"，从生活小技能到旅游小贴士，成功向生活百科手册过渡。根据 2022 年小红书的活跃用户画像趋势报告所示，其每月活跃用户达 2 亿人，其中，72%为"90后"群体，主要生活在一、二线城市，群体标签包括"Z世代"、新锐白领、都市丽人、单身贵族、精致妈妈等。最令人意外的是，小红书这一基本与女性群体捆绑的APP，其男性用户比例也在逐年上升，2022年已飞涨至30%。小红书的群体以时尚男女为主，他们对美妆、美式、宠物、健身、文旅消费都颇为关注。抖音，作为以纯视频为媒介的社交平台，曾被视作充斥趣味、较低端的视频平台。而随着抖音的发展，其更多地吸引了可以打破传统认知与偏见的年轻人。且受新冠疫情影响，直播带货也为抖音的多元化发展助力。与快手相比，现在抖音已成为一个广受年轻用户关注的泛娱乐平台。

在鱼龙混杂的互联网世界，蓝V认证、大V认证是对机构型社交账号的官方认可。博物馆作为公共文化机构，使自己的身份得到认证可以免去被盗号、账号被冒充所带来的风险。前文提及的苏州"百馆之城"名录中一些博物馆账号存在认证缺陷，且没有强力有效的官方网站作为支撑，甚至一些账号是以某个外包或第三方运营公司为主体进行认证（上述信息都可以在微博中显示）的，这就使得受众对其真实性存疑。相比之下，吴文化博物馆获得了蓝V认证，并且在账号页面上的认证与简介中，都清晰地对其官方属性进行了说明，还十分贴心地附上了全年开放时间，以便关注者第一时间获取信息。而且，吴文化博物馆也细致地将其官方页面的背景图与头像换成了博物馆外立面的照片与专属符号。Logo为黄色的"吴"字象形体，也似一座吴国时期的宫殿般巍然矗立，能够使观众感受到博物馆的良苦用心。除微博的官方页面经过精心设计之外，吴文化博物馆使用微博更新内容的频率较高，并且会在几个图文社交媒体宣传平台间保持互通，基本不存在信息差，这样能够更大范围地吸引具有不同需求的受众。

第六章 博物馆文创产品的消费与品牌传播

文化是促进消费升级的重要驱动力，文化产业的发展潜力无限。而博物馆作为收藏与传播民族记忆和文化的重要载体，势必要担负起重要的职责，在保护、收藏和传承优秀传统文化的同时，注重新形式的应用，通过文创产品的设计开拓出更多符合时代脉搏、富含中华文明优质内涵的新载体，并推陈出新，使其成为中华文明新的形象代表。博物馆文创产品是博物馆文化商品的重要组成部分。笔者通过浏览文献发现，广义上对"博物馆文创产品"的概念界定包括两大方面：其一，有思想性的但可以是无实体的文化产品；其二，具有纪念性且以实体为产物的文化商品。从狭义来看，博物馆文创产品一般指博物馆文化商品，是博物馆提供给公众的一种有偿的商品，这种商品可以满足公众的文化消费需求。无论是在审美意趣，还是在产品设计方面，博物馆的文创都不应仅满足于迎合大众，还应该能够对消费者和衍生品市场起到引导和启发的作用，最终引导博物馆文创正向发展。今天，传统与现代的对话一定是多元的。经过10年来的探索，以苏州博物馆文创产品为代表的本土文创开发越来越注重文化内涵与实用功能的结合。通过对文化元素的提炼与灵活应用，推进产品的转型升级，在坚持自身文化特色的创作过程中，进一步探寻传统文化的当代表达，使博物馆馆藏文物通过文化创意产品开发而被真正激活。

第一节　不同类型博物馆文创产品发展形态

博物馆文创产品是近年来出现的概念，是指基于博物馆馆藏文物和展品的特色元素所开发的商品。随着文创产品的发展，涌现出博物馆商品、博物馆艺术衍生品、博物馆旅游纪念品等多个称呼。"博物馆文创产品"的概念最早可以追溯至英国，因"创意产业"（Creative Industry）的概念源自英国。1997年，布莱尔政府建立了创意产业特别工作组（Creative Indutries Task Force，CITF），这是隶属于文化、传媒与体育部（Department of Culture，Media and Sports，DCMS）的一个新职能部门。创意产业指个人通过自身努力与创造力，对知识产权进行开发与利用，实现生产并创造就业机会与财富。博物馆文创产品是创意产业的细小分支。联合国教科文组织对文创产品的界定是"具有传达意见、符号与生活方式的消费物品"。对于国内大部分博物馆来说，文创产品尚属于一个新事物，学术界对其还未有统一的概念界定。

据中国知网数据显示，大陆自2003年开始出现关于文化创意产业的文章，但大多发表在具有宣传性、呼吁性的报刊上。随后，此类文章的发表数量逐年递增，在2010年达到最高峰，年发文量突破2 000篇。而台湾省受东亚文化、西方文化的影响，较早开始推动文化创意产业，自2002年执行重点发展计划，以博物馆学等相关理论为基石，发展在当时尚处于新兴之势的文化创意产业。台湾所借鉴的彼得·弗格（Peter Vergo）的新博物馆学理论指出，传统博物馆学过于注重方法，忽略了博物馆的目的，因而提出"新博物馆学"，主张博物馆应为目标取向与观众取向，而非对象取向；主要建立关系，应为博物馆与观众及其他顾客，而非博物馆与藏品。[1]"起始于新博物馆学，继续对社交媒体讨论，博物馆已经将关注点移向用

---

[1] Peter. Vergo The new museology [J]. The Library Quarterly，1991（3）：340-341.

户。近年来,德罗特纳和施耐德已经讨论了社交媒体如何改变博物馆的传播模型,从'传输模式',即主要是考虑博物馆自身想要传播什么,变成'用户视角',即关注参观者们可能想要了解什么。这个转变意味着从单边到双方互动传播的变化。"[1]《2010台湾文化创意产业发展年报》将"文化创意产业"界定为可以传达意见、符号及生活方式的消费品,不一定是可见可触的物体,具有文化性、精选性、创意性和愉悦性,是文化创意产业中相当重要的一环。[2] 以产品为载体,强调用户与博物馆管理方的互动,是不变的宗旨。博物馆文创产品内涵丰富,并且外延范围广泛,依托其与文化的高度关联性、产品生产的低耗能性及文创产品高附加值的特点,不仅可以带动与传统文化有关的制造业创新,还能延续城市历史文脉,助力城市文化软实力发展。

　　文创产品最主要的两个核心就是文化和创意。文化体现在地方博物馆独特的产品种类及其附属的陈列展览等方面。而如何给这些文化元素加上创意,并用当代的语言表达出来,是地方博物馆研发文创产品时需要考虑的重要问题。有研究表明,地方博物馆文创产品的文化创意和特色挖掘可以从四个方面着手。第一,从地方博物馆本身的藏品资源和陈列展览出发,结合研发人员的意见,挖掘地方博物馆的特色,为文创产品研发提供基础素材。第二,提供文创产品研发素材,向社会各界广泛征集创意产品的设计和研发方案。目前,博物馆向社会各界征集创意的方式主要是组织文创产品设计比赛。例如,在故宫博物院2013年举行的以"把故宫文化带回家"为主题的文创产品设计大赛中,催生出了许多现在依然畅销的文创产品,如"奉旨旅行"字样的行李牌、"朕就是这样"图文样式的折扇等。第三,与专业的创意设计公司开展进一步合作。例如,苏州博物馆与苏州市文化经济发展总公司,即苏州市文化广电新闻出版局下属公司通力合作,成立了苏州市博欣艺术品有限公司,以便更为有效地研发与营销苏州博物馆的文创产品。此次合作不但有效地保证了文创产品研发的专业性,而且赋予了苏州博物馆自主研发和经营文化产品的权利,是提升文创产品

---

[1] 安娜·路易莎·桑切斯·劳斯. 博物馆网站与社交媒体:参与性、可持续性、信任及多元化[M]. 刘哲译. 上海:上海科技教育出版社,2017:19.
[2] 黄美贤. 台湾地区博物馆发展文化创意产业的理念与实践[J]. 东南文化,2011(5):109-118.

研发和营销的一个成功案例。第四，与高校合作进行实践教育或举行文创产品设计大赛。这一方式不仅可以有效地收集文创产品设计创意，而且可以进一步了解青年群体的审美与需求，积累潜在的专业人才。

在这个信息大爆炸的时代，独具特色的营销和推广方式对地方博物馆文创产业的发展至关重要。对地方博物馆而言，最大的薄弱点就是知名度低。因此，学会抓住政策和机遇进行有效的宣传与推广，是地方博物馆做好文创产品营销的重要手段。单一的营销渠道和主要集中于线下与纸媒的宣传推广模式导致观众很难接触并充分了解文创产品的相关信息，从而在很大程度上限制了地方博物馆文创产品的发展。针对自身特色，地方博物馆文创产品的宣传和推广可以从以下三个方面着手。一是分析博物馆内外环境，在藏品资源陈列和展览等方面找出自身的独特优势，以此作为宣传营销的总基调和重点。需要强调的是，统一营销和宣传重点是非常重要的，因为这些内容不但是观众对于博物馆文创产品的记忆点，而且可以作为市场定位和营销的基础。二是充分分析观众需求，制定营销策略，分析产品的目标客户群体，归纳其特征，针对主要消费人群进行宣传和推广。三是拓宽营销渠道，通过线上和线下相结合的方式宣传与推广。线上宣传可以通过开通微信公众号、官方微博、官方抖音账号等方式进行。在进行文创产品宣传和推广的同时，还可以和目标客户进行互动，提高其对博物馆文化的兴趣。线下宣传除了可以借助电视、报纸、期刊等传统媒体之外，还可以借助各种展览、社会活动、交流论坛等进行。

第二节　文创产品中的符号意义与表达

谈及文创产品中的符号意义与表达，就不得不提及近年来刮起的"国潮"之风。"国潮"包含了品牌、文化与潮流等诸多元素，其概念背后所彰显的是对中国文化的研究与文化自信。纪录片《我在故宫修文物》、舞台剧《唐宫夜宴》《只此青绿》等富含文博元素的节目走入广大观众的视野，不仅改变了大众对博物馆文化的传统认知，也促使博物馆勇于创新，借助高质量的文化综艺节目、独树一帜的文创产品内容，甚至是360度全景沉浸式博物馆体验活动，使自身所代表的"国潮"文化成为继"互联网+"之后又一个发展方向。

文化创意内容是博物馆文创产品蕴含的文化脉络和创意主题，涵盖博物馆品牌形象、博物馆文化元素、博物馆藏品文化与故事、博物馆所在地的特色文化等，其中，来自藏品文化与故事的文创产品数量最多，也最受欢迎。

在文化内容方面，博物馆藏品文化与故事是博物馆文创产品开发的主要来源，创意灵感来自各博物馆知名藏品的文创产品，更容易受到游客欢迎。除硬件载体之外，以数字产品和事件活动等形式出现的博物馆相关文化创意活动近年来也逐渐涌现，并成为博物馆文创产品的重要组成部分。如果说硬件文创产品是静态的载体，活动文创是动态的载体，那么数字文创则是动静融合的载体。在数字文创方面，故宫博物院涵盖了静态的壁纸、数字皮肤，以及动态的APP、表情包、动漫、游戏、直播等。故宫博物院的壁纸主题涉及书画碑帖、古物文玩、视觉创意等十多类。在活动载体方面，现场表演、艺术体验、大众讲座等是常规的类型，这也是博物馆固有职能的一部分。与数字技术结合，突破单一的博物馆场景限制是活动文创的新趋势。

仍以故宫博物院为例，作为一个强IP，故宫博物院与众多"网红"、时尚博主合作设计和宣传文创产品，能够吸引一批年轻的粉丝群体，而这些年轻的粉丝群体也是故宫博物院的目标客户。正是这种善于发现热点事件和发掘公众人物价值的能力，使故宫文创成了网络营销的典范，也成为众多品牌争相效仿的对象。但与其他品牌的借势营销更多的是文案上的借势不同，"故宫淘宝"的微博更侧重于内容方面的借势。当"葛优瘫"话题登上微博热门时，"故宫淘宝"的微博就发了一组仿"葛优瘫"的古人图，从微博文案到内容都紧跟当下的潮流。故宫文创产品如今已经成为一个众所周知的爆款 IP，且通过有效整合微博、微信等社交媒体平台上的文案、活动及话题等丰富资源，吸引了众多粉丝，创造了一个以展示故宫博物院内涵和弘扬传统文化为基础的创意品牌。在这个信息时代，故宫博物院通过借势营销等一系列的网络营销方式，例如，大英博物馆在世界各地举办"博物馆奇妙夜"体验活动，故宫博物院则创办全民参与的节庆文化活动等，在社交媒体平台上频频引人注目，这也使故宫文创产品在市场中占有一席之地。要想持续地吸引用户眼球，就必须了解用户需求，不仅要创新产品，还要坚持创新产品和文化的传播方式与渠道，将创意发挥到极致，不断整合营销策略，形成一个具有自身特色的文创品牌。

  博物馆文创品牌不仅具有品牌商业属性，而且具有文化属性。博物馆文创品牌的生产、表征、消费、认同、规制及其之间的互动关系，构成了一个完整的文化循环模式，各环节之间彼此关联、相互影响，处于不断的循环往复之中。在文化循环的模式中，各个环节之间并不是完全地割裂，而是以结合的方式构建彼此的链接。苏州作为吴文化的发源地，因其悠久丰厚的历史文化底蕴与粉墙黛瓦的苏式园林之美，坐享得天独厚的文化资源。苏州的文化元素包括园林景观，丝绸织造、苏绣、苏扇技艺，吴门画派，香山匠人，评弹、昆曲，等等，皆彰显了苏州的独特文化魅力。

  依托特色苏式文化元素进行产品设计，苏州博物馆成功实现了文创产品的市场化。其中，"秘色瓷莲花碗曲奇饼干"与文徵明亲手栽种的紫藤树种子等产品成为"爆款"。将馆内的物品加以活用、突破想象，使苏州博物馆文创被争相购买。"秘色瓷莲花碗曲奇饼干"这一作品的灵感源自虎丘云岩寺塔中出土的秘色瓷莲花碗。秘色瓷莲花碗整体造型如一朵盛开的莲花，高雅出尘，器物通体施以青釉，晶莹润洁。苏州博物馆文创设计团队正是结合了秘色瓷莲花碗的造型、颜色等特点，加以苏式传统糕点的制作工艺,设计制作出了"爆款"文创产品——秘色瓷莲花碗曲奇饼干。[1]

苏州博物馆西馆开馆一年来,积极整合社会资源,通过自主研发、合作研发、授权研发等多种方式,推出与西馆相关的文创产品122种。2017年,苏州博物馆基于互联网语境启动了博物馆虚拟IP形象塑造与文创产品开发的项目,其思路就是先基于馆藏文物提炼唐伯虎人物形象IP,然后做系列文化产品,再将产品网络化,线上、线下同步延伸,将单一产品演化为集合式文创服务。2019年,苏州博物馆将以唐伯虎为首的"江南四大才子"形象IP与茶叶结合,推出"有颜有料·2019春茶",并延伸出以"江南四大才子"为主题的春茶派对明代生活线下体验服务,仅6天时间就吸引了2.6万人参与,实现了从产品开发到服务拓展的创新做法。在经营自有商品的基础上,西馆艺术品商店秉持"美美与共"的理念在全球范围内选品,引进国内外知名品牌,打造艺术选品集合店的形态。秉承该理念,苏州博物馆第二家天猫旗舰店"艺在西东"也顺利上线。除艺术品商店之外,西馆文创还以合作模式开设了"古罗马展"周边主题快闪店,在展厅附近设置专柜,展售"苏州博物馆×大英博物馆"联名产品,吸引观众纷纷"打卡"与挑选。2022年,苏州博物馆与佳能携手在西馆举办了"苏色生活佳"系列主题活动,以馆藏文物、时令节气、非遗文化为主题,配合西馆内的多元文化场景及元素,设计了三个互动体验板块,将佳能的产品嵌入活动应用中,既让科技为文化传播赋能,也让文化赋予科技发展更丰富的内核,观众在操作中自然地感受到传统文化与科技发展的碰撞,实现了博物馆与合作品牌方的"双赢"。IP授权既是新时代博物馆公共文化服务、研究和教育等基本功能的衍生与发展,也是博物馆运营模式的创新,将推动文化事业和文化产业协同发展,带动博物馆从馆舍天地走向大千世界。

作为苏州博物馆的一次全新尝试,展览充分发挥博物馆在文化传播中的中枢作用,扩大博物馆的开放范围,打造多元的社交平台,吸引更多人走进博物馆,也为国内数量众多的中小型博物馆提供全新的展览运营模式上的借鉴。通过授权充分展示中小型博物馆各自的文化特色,为中国博物馆展览的新业态提供更多可能性。"对博物馆而言,IP授权是一种新的运营

---

[1]王财富,李正.苏州文博文创产品开发研究:以苏州博物馆为例[J].收藏与投资,2021(8):52-54.

方式，相较传统的自产自销或委托外包等形式具备更大的发展优势，但也令博物馆的运营管理面临着更大的挑战。一个授权项目从立项至结项，要经历谈判、立项、设计规划、监督修改、上市、宣传推广、反馈与调整等流程，有可能需要藏品管理部门、研究部门、资产管理部门、文化创意部门、宣传教育部门等多部门参与，最终与社会机构达成良好高效的合作。博物馆IP授权的特殊性决定了其进行资源整合的必要性。"[1]在这一过程中，博物馆的定位更侧重于成为文化资源的提供者和合作平台，面向社会提供文化领域的内容资源。授权作为一种交易，如何吸引更多的被授权方向博物馆获取IP授权，首要的便是挖掘出具有竞争力的内容资源，如故宫博物院的核心IP资源是皇家文化。苏州博物馆的重量级藏品并不算多，在内容资源的规划上因地制宜，重点发展两个核心方向：一是知名建筑结合园林文化，二是明四家人物结合文物资源，即将建筑和明代"江南四大才子"作为IP授权核心资源，在内容上一古一今，因具备江南地域的文化特色，故而具有相当的辨识度和竞争力。

此外，苏州博物馆文创产品的设计立足于产品的实用性，这些文创产品不仅是传统意义上的纪念品，而且能融入消费者的日常生活中，具有实用价值。对苏州博物馆线上销售平台和线下销售店进行分析，不难发现，销量居榜首的产品价格普遍较低，都是具有实用性和吴文化特色的生活用品。例如，长期位居销量榜首的木制冰箱贴，该产品的创意来源于苏州博物馆的优美场景，将馆内最具代表性的三种植物——翠竹、芭蕉和藤枝作为设计主题，用杨木制作成冰箱贴，将馆内的建筑形象巧妙地融入产品。产品在外观、质地和实用性方面都有很不错的效果，让未去过苏州博物馆的人群也能充分领略其美感。

[1] 蒋菡,郁颖莹.IP授权模式下博物馆发展文化传播新业态的探索:以苏州博物馆为例[J].博物院,2021(2):47-51.

第三节　博物馆创意文化消费品牌与塑造

根据《2021—2027 年中国博物馆行业市场竞争力分析及投资前景预测报告》数据显示，中国博物馆在适应社会发展的漫长历程中，已经形成了多职能的文化复合体。随着社会的发展，博物馆的职能仍在不断地发展变化。博物馆的新职能、新形态、新方法、新的收藏对象也在不断地出现。2020 年，中国博物馆有 5 446 家，比 2019 年增加了 314 家。面对这一迅猛发展态势，我们有必要对文创产品进行分析与研究。通过问卷调查，笔者分析文创产品在纪念性、功能性、沟通性方面发挥的作用，挖掘当前文创产品在市场上存在的问题，以探索文创产品在新时期的发展机遇并对未来文创产品的设计思路进行构想，最大化地激活其发展潜质。通过对产品外观及内涵的提升，文创产品以更加独特的外在与意涵产出高附加值产品，吸引人们的眼球，丰富人们的生活。苏州博物馆作为苏州"百馆之城"的代表，不少学者已对其原有的文创产品做了一些研究，前文已提及。近年新推出的苏州博物馆西馆，在文创产品上是否有新的创意巧思？苏州博物馆是否将主馆与分馆的文创产品进行了差异化设计？带着这一系列疑问，本研究依托课堂教学，以学生小组为单位开展问卷调查，对苏州博物馆西馆文创产品进行了调研，意在挖掘极具江南文化的苏州博物馆体系的文创产品的塑造现状及消费群体的满意度与期待值。

选择苏州博物馆西馆作为研究对象是基于以下两方面的原因。第一，其作为苏州博物馆文创体系的新成员，文创产品种类多，覆盖面广。第二，相对苏州"百馆之城"名录中的其他博物馆而言，苏州博物馆西馆与本馆的文创产品已拥有一定的目标客户群，且好评度高，基于这一良好基础，对其文创产品加以研究不仅是对最新、最具创意的产品进行探寻，而且可以一并分析和挖掘苏州博物馆既有文创产品的优势与劣势。近年来，故宫博物院文创产品的大获成功，充分说明文创产品可以成为博物馆文化产品消费与推广的良好助力。苏州博物馆西馆于 2021 年"初出茅庐",想要借鉴故宫博物院的成功推广模式,借助文创产品的力量进一步扩大博物馆的影响力与知名度,关注文创产品的设计与创新是行之有效的方法,这也使得本节的研究更具有现实意义。

本问卷共设置了 16 个问题,从基本的人类学特征出发,直指博物馆文创产品的具体问题。从博物馆的社会职能、博物馆文创产品的认知理念、对博物馆文创产品行业发展的评价和建议等几大角度入手,以苏州博物馆西馆作为具体案例进行分析。问题的设置主要涉及三个方面。其一,对博物馆社会职能的探讨。由于文创产品是对文化资源的活化利用、再生产,其设计类型之广,可以涉及大众生活和工作的方方面面,由此使得文创产品成了博物馆的"延展展厅",伴随着物质实体,深入各位观众的生活中,成为潜在的文化输出标志。其二,对博物馆文化资源创新性的探寻。对于文化资源,不仅要对其既有的历史文化价值进行传承,还要顺应新的传播形态与市场需求,进行创新迭代和发展。苏州作为千年古城,可待挖掘的文化资源仍有很多。依托苏州博物馆西馆的特色馆藏资源,可以在文创产品的定位与构想中,构建差异化的核心产品。其三,对文化消费者的精神文化需求进行调研。在经历互联网 4.0 浪潮席卷后,人们的文化消费习惯发生了质的变化,尤其是对于以"Z 世代"为代表的年轻消费群体,博物馆原有的单一展览模式与文创产品的单一观赏性已难以满足他们极具社交分享性的观览习性,这迫使博物馆需要主动做出改变,以突破创新壁垒,加强公众与博物馆之间的联系。从 2020 年开始,在众多博物馆之外,苏州各大园林已经为迎合更年轻的群体而开始行动。夜游模式在以网师园、拙政园为代表的园林内流行开来,借助激光、水幕构筑虚实光影,结合昆曲、评弹等非遗文化特色展演,将古色古香的传统园林游览充分融入更为年轻的夜间经济市场,受到了广泛好评。

调研结果显示,在有限时间内发放的 60 份有效问卷中,调研对象主要以大学本科学历人群为主,且以在校生为主,辅之以均等分布在各个行业的从业者(图 6-1),月收入以 1 000 至 2 500 元的群体为主,平均到访博物馆的频率主要是一个月及以上(61.67%),再者是一个月一次(15%)与一周一次(13.33%)。由于主要以大学生群体为主进行问卷发放,受访者范围相对有限,人口学特征所呈现出的特质与这个群体的特点基本吻合。

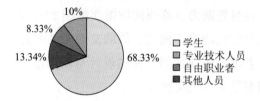

图 6-1　问卷调查从业者分布

对于博物馆文创产品的宣传途径，本问卷设置了社交媒体（包括微博、小红书、抖音、快手）、线下人际传播（亲友推荐与实体店探访）及其他选项。结果显示，大多数受访者是通过参观实体店，进而了解并消费博物馆文创产品的，占比高达53.33%，位居榜首。有一部分受访者是通过线上社交媒体获取文创产品的相关信息，以小红书为主，以抖音、快手为辅。少数受访者选择了"亲友推荐"，个别受访者通过淘宝店铺了解、消费文创产品。由此可见，不同媒体平台的用户群和营销优势不同，已基本占据了各自的分众市场。对于大学生这类年轻群体，以小红书为首的"图文+视频"流媒体内容最符合他们的阅读习惯。根据浏览内容随即生成的大数据将推送更多的文创产品，如此不断循环。到实体店进行消费的受众则遵循了一贯的文创产品消费习惯，并且实体店已形成了稳定的客流。因此，利用社交互动树立品牌形象，再辅以营销手段，诸如在社交平台与各品牌官方账号相互动，对于打开新的博物馆文创产品分众市场不失为一个行之有效的方法。另外，对于文创产品的主要功能及意义，大多数受访者认为博物馆文创产品的主要功能是文化纪念、传承、收藏、欣赏和把玩；另有一部分受访者认为其功能是休闲娱乐和赠送亲友；少数受访者认为是日常使用。这一结论说明，目前以苏州博物馆西馆为代表的博物馆文创产品仍停留在赏玩层面。对于如何结合文化艺术内涵与生活实际需求进行文创产品的设计创造，仍待继续探寻。

此外，本问卷通过对文创产品的定价、消费的目的性等进行问询，试图解读文创消费行为背后的消费心理。从调查结果可以看出，受访者能够接受的文创产品价位主要在1~50元（25%）与51~200元（35%），另外还有35%的受访者选择"不在乎价格，喜欢就买"。虽然学生群体整体消费能力较弱，但从问卷所获取的数据可以看到，潜在的文创市场的消费能力巨大。一方面，随着学生毕业、就业，他们势必将成为具有更高消费能力的群体；另一方面，即便是消费能力受限，但对于好的文创产品，他们的购买意愿是强烈的，甚至可以不在乎价格，只为喜好而买单，足见新时代的年轻消费群体具有更高的审美水平且更易消费冲动。由此，对于博物馆文创产品而言，更需要在创新的同时，合理把控文创产品的价格层级，做到全等级覆盖。对于大部分符合市场受众喜好的产品，定价应尽量大众化；对于面向小众群体的设计，如设计师联名等系列文创，为凸显知识产权价值，可以在合理的区间内进行差异化定价；面向具有高端定制需求的群体，则应精细化定价。根据市场需求的周期性进行调整，进而设计出受大家喜爱的、销量可观的文创产品，实现博物馆文创产品的分众市场化。

  对于目前以年轻大学生群体为代表的文创市场需求，在"文创产品的哪种特性会增加您的购买欲望？"与"苏州博物馆西馆目前现有文创产品中，您更偏向购买哪种？"这两个多选题中，有近80%的受访者表示购买文创产品是被它的强趣味性、高创意价值吸引，只有半数的受访者会因为产品实用性强而掏腰包。在创意性和趣味性面前，实用性显得不具有吸引力，所以在博物馆文创产品的设计中，要更加注重产品的创意性与趣味性，以此来吸引顾客购买。关于文创产品的类目，有61.67%的受访者偏向于购买文房用品，有50%的受访者愿意购买非遗传承如苏绣、宋锦等。相对而言，购买家具、雅玩产品的人数最少，这足以见得大多数人对此类大型的、摆件类的文创产品兴趣寥寥。除此之外，45%的受访者认为产品类目太少，很多想要的文创产品类型无处可寻。依照上述数据，苏州博物馆西馆在推出新系列文创产品时，一方面，需要重视文房用品类产品的创意设计，活化既有的设计形态；另一方面，需要加推不同类型不同功能的新文创产品以适应更多受众的文化消费需求。在这方面，故宫博物院已遥遥领先，不仅在平时的文创产品设计上推陈出新，而且抓住了中国传统的二十四节气，善用传统文化意涵进行产品设计，进而借由文创产品打入传统文化消费市场。例如，在中秋佳节，推出兔爷儿形象灯笼文创产品，不仅将我国南北方过节文化差异进行了展示，而且激发了年轻群体对传统文化的兴趣。

  很多受访者表示，第一次听说苏州博物馆西馆，与其和大英博物馆的联名展有关。苏州博物馆西馆在开馆时，曾与大英博物馆携手举办了"古罗马：城市与帝国"展览，为期数月。对于国际展览资源相对匮乏的苏州而言，这场与世界知名博物馆的合作展览吸引了众多参观者。展品均来自大英博物馆。作为当时苏州博物馆西馆的特色展览，甚至还孕育了与大英博物馆的联名文创产品，且一度只在西馆售卖。受访者中也有不少曾亲临展览现场，其中，75%的受访者对于西馆与大英博物馆的联名文创产品颇为满意，23.33%的受访者表示并无过多感受，仅1.67%的受访者表示不满意，不满意多是因为联名文创产品与自身消费预期不符。这一结果再一次显示出了新时代的年轻人的文化消费特性——对于联名文创产品的强关注度。现在的年轻消费群体注重对IP的活化与利用。他们不仅关注品牌、相信品牌的影响力，而且也在不确定中关注新生力量，由此使得新生力量和既有品牌联名成了最能迅速吸引年轻消费群体的模式。这一模式已在数以万计的案例中成功应用，从"国潮"这类相对大的IP概念的不断演化，再到迪士尼的玲娜贝儿卡通形象火遍全网，IP品牌的孵化对于有文化根基的博物馆而言，将成为势在必行的发展趋势。对"如果日后还有博物馆联名活动，希望和哪家博物馆进行联名？"这个问题，受访者呈现出较大的期待，但对于具体与哪家博物馆进行联名，受知识面较窄等因素的影响，受访者只能给出部分博物馆名称（表6-1）。总体来看，绝大多数受访者对于博物馆联名有较大期待，这也给文创产品提供了更广阔的设计空间。为顺应这一需求，苏州博物馆西馆未来可以继续与其他博物馆开展更多的联名活动，推出更有新意和创意的文创产品。

表6-1 博物馆联名合作场馆意向名单

联名合作意向场馆	选择人数	联名合作意向场馆	选择人数
不清楚/无	18	洛阳博物馆	1
故宫博物院	9	上海科技馆	1
南京博物馆	8	苏州园林博物馆	1
卢浮宫博物馆	5	四川博物馆	1
大都会艺术博物馆	2	陕西历史博物馆	1
西安博物馆	2	北京博物馆	1
中国国家博物馆	2	拙政园	1
苏州博物馆	2	武汉博物馆	1

续表

联名合作意向场馆	选择人数	联名合作意向场馆	选择人数
上海世博会博物馆	1	徐州博物馆	1
大英博物馆	1	日本万代博物馆	1

对于具体文创消费的满意度,调查问卷也从文创服务与文创产品两个方面进行了细致的调研分析。这里的文创服务是指具体文创产品消费之外的,以体验服务为主的博物馆文创服务,基于新的消费需求,体验经济更能鼓励消费者参与和分享,激发消费潜能,具体包括专程服务、体验馆、特惠套餐、产品文化内涵及设计元素相关讲解。专程服务是指一对一讲解服务,不少博物馆都提供此项服务。但对于博物馆文创产品,并无一对一的销售讲解服务,这一被忽视的需求蕴含着巨大的潜在市场。一些文创产品因其所含艺术价值较高,对普通的参观者而言具有一定的认知门槛,不被理解意味着不被认可,这就使得这类文创产品的消费呈现出颓势。体验馆的设置主要是指参观者可以参与文创产品的试玩试用,先尝试后消费对于一些精巧的手工艺类文创产品而言,显得尤为必要,而传统的展柜陈列并不能满足消费者的这一需求。特惠套餐是指将博物馆内观展与文创产品消费相结合,进行捆绑式宣传,这一方式对某些类型的消费者而言将产生较强的吸引力。调查问卷的结果也表明上述针对文创产品的垂直服务是有必要的。在这一多选题中,体验馆(58.33%)、产品文化内涵及设计元素相关讲解(51.67%)受到一致欢迎;其次是特惠套餐(46.67%),在消费能力一般的学生群体中极具人气;选择专程服务(18.33%)的受访者也占一定比例,可见一对一的文创产品销售仍占有一席之地。从调研数据中可以发现,大部分受访者现阶段更注重参观过程中的体验感。消费者的体验感与其对"体验"的充分理解紧密联系。文创产品一定要有历史性、背景性、故事性,将这些内容根植于产品中,才能通过讲解与消费者产生共鸣。

在"对苏州博物馆西馆开发文创产品的态度"一题中,受访者对"功能情感双结合"使产品附加值增加产生共鸣。60%的受访者表示苏州博物馆西馆的文创产品具有创新性,并且在传递文化意涵的同时,拉近了文化和生活的距离,总体来说,满意度较高。年轻的文化消费群体不再仅仅满足"形式服从功能"的产品,更注重文创产品的实用性及其蕴含的情感。

因而，在文创产品开发时，要立足生活，广开思路，将承载文化意蕴的符号融入产品的创新设计中，使其具有生活气息，更受用户青睐。关于"目前苏州博物馆西馆文创产品存在的问题"这一多选题，问卷中设置了以下选项：价格设置不合理；产品做工品质低；产品实用性低；缺乏市场营销理念；缺乏创意、形式单一；无法体现苏州博物馆馆藏文化特质；缺乏设计美感；其他。有近40%的受访者认为，目前苏州博物馆西馆的文创产品存在实用性不强的问题。其次是缺乏创意、形式单一。另外，缺乏市场营销理念等问题也比较突出。今后，苏州博物馆西馆在文创产品的研发设计过程中，既要注重产品的结构与形式，加大创新力度，又要注重对文创产品实用性的挖掘，将实际生活场景融入产品设计中，满足消费者的精神文化与使用价值的双重需求。对于文创产品的未来展望，从消费者与研究者的角度分别给出了一些改进建议，整体而言较为宏观。一是有关部门加强对博物馆文创产品的支持力度；二是加强文创产品的研发力度，提升品类丰富度；三是调节文创产品的价格；四是优化文创产品的质量；五是促进传统文化与现代创意相结合；六是开拓博物馆文创部门创意收集渠道。调研数据显示，对苏州博物馆西馆文创产品的改进意见分布较为均匀，这表明受访者对博物馆文创产品进一步改进和发展抱有不同的期待。其中，选择"加强研发力度，提供更丰富的文创产品"的占比高达63.33%，选择"调整价格"的占比为55%，可见产品创新和产品价格是消费者进行文创产品消费时最重视的两个因素。文创产品发展过程中在诸多方面还有进步的空间，唯有不断改良、不断优化，融文化理念于产品之中，才能吸引更多消费者，在提高市场占有率的同时传承文化。

第七章 文旅场景中的博物馆品牌传播

"场景"的概念由芝加哥大学学者特里·尼科尔斯·克拉克（Terry Nichols Clark）首次提出。他认为，文化价值观、消费和生活方式对城市发展的作用愈发明显，由此使得后工业化社会中出现了诸如可以从消费和美学角度进行阐释的新现象。而场景理论，可以理解为以消费为基础，以城市的便利性和舒适性为前提，把空间视为汇集各种消费符号的文化价值混合体。这一理论为人类认识城市形态提供了新的视角，并由此将城市空间的研究从自然与社会属性层面拓展到区位文化的消费实践层面。通过城市空间精神文化价值与生活方式产生的文化动力，可以系统地揭示城市文化消费空间活力产生的源泉及机制。

如果场景是作为不同欲望和偏好的影响因素出现，那么当欲望和偏好被固化成舒适物和活动时，场景就变成了它们产生强有力影响的原因。这是因为当我们周围的场景变得更加明确的时候，欲望和偏好就更容易嵌入各种日常决策的中心。而城市空间精神文化的汇聚可以从城市自身品牌定位上窥得。城市为了产生内在凝聚力，在自身功能定位的基础上，先确立属于自身的核心价值，再将城市的地理环境、产业优势、历史文化习俗、文化传统及城市精神、区域空间文化、市俗民风和城市特点、特色形象标志等多种元素，经过长期的融合、塑造和优化，逐步形成一种可以被识别的、能引起联想的并能带来附加值的城市资本。城市品牌的塑造必须以拥有较为成熟的历史文化底蕴及丰厚的现实为基础。因此，城市品牌的设立与发展的过程需要更多地考虑城市的人文特征、产业基础等，尤其是需要一并考虑市民的心理感受。而以博物馆作为载体，将以广大市民为代表的社会力量融入城市文旅场景中便是得天独厚的方式。

苏州博物馆作为表率，通过IP授权、跨界融合、合作共建等方式，持续吸纳社会各界的助力。苏州博物馆西馆在"春到江南 盛世姑苏——《乾隆南巡图》特展"期间，和苏州圆融商业体开展公益合作，把《乾隆南巡图》投影展示到500米的巨型天幕上，实现了与商业、数字技术的跨界融合，不仅增强了展览的宣传效果，而且也让博物馆的公共文化产品惠及更多人。苏州博物馆西馆开馆之后，面对苏州博物馆事业可持续发展的新条件、新需求，对原有的会员制度进行了全面升级，有利于构建一个更开放、更多元、更规范的社会动员机制，多层面强化公众的博物馆意识，增进博物馆与公众间的相互信任和有效交流，为吸纳社会公众参与积蓄力量。

第一节　从博物馆体系到城市文旅融合

早在 20 世纪 80 年代，城市的文化与旅游产业便开始受到重视，并逐步发展。2018 年 3 月，国务院机构改革方案进一步提出将文化部与国家旅游局的职责整合，成立文化和旅游部，两年后升级迭代，演化至文体旅融合发展。为顺应这一发展趋势，城市合理挖掘自身核心价值，系统整合文化历史底蕴与旅游产业资源，助推城市形象的建构，成为当务之急。良好的城市形象，对吸引各类人才、促进城市的文化旅游消费、招商投资、创新文化发展等各方面均具有积极的作用。而在上述诸多要素中，独具新意的文化标识不仅有助于提高城市形象的辨识度，而且有助于城市形成差异化。以"百馆之城"为代表的城市博物馆体系独具匠心，脱颖而出。

满足文化精神需求，创造文化资源价值，是城市文旅融合的内在动力。旅游供需平衡式文旅产业融合发展的核心，是将旅游市场与文化资源相互结合，一方面文化对旅游发展的作用体现为独具一格的文化创新，另一方面旅游产业为文化活化与传续提供了发展空间。城市博物馆贯穿了城市从古至今的历史文化进程，将城市的地理环境、历史发展、经济文化、民俗风貌等讲述给观众，以藏品为线索，将城市的形成、发展、当下及对未来的展望进行浓缩、凝练，再客观真实地展示给观众。而城市博物馆体系更是将一个城市中的诸多类型的博物馆进行整合，构建系统性的城市博物馆印记。

以苏州博物馆为例，作为城市历史的摄影师和记录者，它忠实地记录和保存着城市历史沿革中有价值的事物。同时，对于苏州的历史文化资源及其特征，苏州博物馆也会通过文物遗迹进行深入系统的研究。人类文明的发展推动了城市的孕育，而城市又为文化的发展提供了土壤，紧接着，城市文化的发展哺育了城市中的博物馆。苏州博物馆作为对外输出的端口，彰显了一座城市的文化底蕴和精神内涵。一方面，苏州博物馆能够使观众特别是本地市民在城市快速的发展变化中，重新拾回对这个城市的过往记忆。另一方面，苏州博物馆承载着苏州这个城市的历史，丰富着城市的文化内涵。发展至今，博物馆不断演化，成为展示城市精神文化发展的公共空间。通过游览苏州博物馆之类的城市博物馆，观众能够第一时间通过史料了解城市的核心历史文化内涵，这对于加强城市博物馆体系与城市文旅融合发挥着重要作用。

具体而言，苏州博物馆在展览选题角度就十分重视融会贯通。在对茅馆长进行访谈时，她谈到，博物馆内的一些展品，诸如过云楼的陈列基本以复制品为主。过云楼作为私家藏书楼，因古建环境而闻名。苏州博物馆通过集中展示相关复制品，进而吸引观众走入过云楼实体场景中进行观览。此外，苏州博物馆还与附近的怡园联动，将过云楼、怡园、苏州博物馆三者的江南文化"符号"进行糅合，举办读书活动，以实现文旅融合发展。在展览类型的选择上，苏州博物馆会充分考虑以下几点。一是受众群体。为了让苏州的观众在苏州就能领略到其他地域的一些文化特色，苏州博物馆的文物展览并不局限于国内文物，还有一些国外文物的展览，尽量突破地域限制，追求多元化展示。二是原创性。苏州博物馆会着重策划一些原创性的展览。例如，基于吴地文化的"吴门画派"展览。这个展览本身其实是没有什么藏品的，但通过与"百馆之城"名录中各馆的互动与交流，多方协调，借来藏品才撑起了这个展览。这种类型的原创展览多以紧密围绕苏州地方文化的展览为主，将城市文化充分展现出来。当然，这类展览也像是在"宣示主权"。"吴门画派"的几位代表人物均为苏州人，所以苏州博物馆更有必要率先牵头，将"吴门画派"及其作品展示并介绍给观众。

除了与其他博物馆进行联动外，苏州博物馆甚至还跨界到了另一个公共文化场馆——图书馆。茅馆长坦言，前几年做过古籍方面的一个展览——"木石缥缃"，以及面向青少年的教育展览，具有互动性。这些类型的展览都还在摸索中。在设计"木石缥缃"展览的时候，起初她还担心展览内容过于专业且小众，反响不会很好，但展览之后，反馈很好，甚至给图书馆界带去了些许触动。因为许多古籍仅藏在馆内，借助这个展览，机缘巧合之下，这些古籍的故事得以活化和传播。在展览之后，苏州博物馆还配套举办了相关活动，譬如做一些花笺纸刷印，试图向观众展示古代文人的文气、雅致、精致的生活方式。

第二节　博物馆品牌与城市形象

城市形象是衡量城市的影响力与竞争力，乃至综合国力与国家软实力的重要因素。从 20 世纪 70 年代开始，将博物馆建筑打造为城市地标，成为西方国家以文化引领城市经济复兴的重要手段，至今在世界范围内依然流行。这为博物馆发展带来了前所未有的机遇，但也经常以牺牲博物馆收藏、展示、教育功能与公共服务质量为代价。城市形象的塑造，不能仅将博物馆当作一个工具，还需要发挥博物馆作为"文化中枢"的主体作用。只有充分尊重博物馆的专业发展规律，并调动博物馆塑造城市形象的能动性，才能实现博物馆与城市的可持续发展。

城市形象通常是指人们关于一个城市的观念、想法和印象的总和。既可依据对城市综合实力的客观评价，包括经济发展、政府治理、基础设施、交通设施、文化教育、公共服务等；又在很大程度上受到主观情感因素的影响，例如因喜欢该地的美食、美景，即使没有便利的公共交通，该地也会给人留下美好印象。美国城市规划专家凯文·林奇（Kevin Lynch）在 1960 年出版的著作《城市意象》中定义并系统阐释了"城市形象"的概念。他认为，城市形象是专指城市景观。20 世纪 70 年代，随着后工业时代欧美国家经济转型升级，制造业、重工业等传统行业逐渐由城市中心向边缘地区，甚至向东南亚、拉美等地区的发展中国家转移，一批传统工业城市开始走向衰败。此外，20 世纪 70 年代的石油危机及随之而来的世界经济危机，使得欧美各国纷纷实施相对紧缩的财政政策，国家放权地方，地方获得了更大的发展自由，但同时也面临国家经费支持的急剧缩减。在内外压力的作用之下，各个城市不得不想尽办法提升自己的吸引力与竞争力，争取在众多同类城市中脱颖而出，以吸引更多的资金、旅游、人才等资源，实现城市经济的复兴。而 20 世纪 70 年代跨国企业的兴起、90 年代以来全球化的加剧，使得城市间的竞争已不再局限于本国。在这种背景下，城市规划、旅游、市场营销、公共关系、传播、国际政治等各领域先后意识到良好的城市形象对于城市发展的重要意义。多学科的参与使得城市形象已不再局限于城市景观的打造，而是慢慢转变为包括城市营销、城市品牌的综合城市形象传播与推广。历史、文化、遗产资源彰显着城市特色，也一并助力城市复兴。在这个过程中，博物馆逐渐被打造为城市地标建筑。这些作为城市地标的博物馆，既可以是新建博物馆，又可以是历史建筑的创新式翻修。20 世纪下半叶乃至 21 世纪较重要的一些博物馆建筑，就是在打造城市形象的背景下诞生的。

　　城市品牌若想被成功打造和经营，务必要重视对本地文化资源的挖掘与再利用，而这个挖掘与再利用过程应该遵循真实性原则，保证历史的完整性，不应对某些历史片段有所隐瞒或扭曲，从而破坏历史文化的真实性。具体来说，城市品牌应着眼于自身历史延续的完整性、历史事迹的真实性及真实的城市身份定位等方面，这反映出城市品牌的真实属性，可以归纳为原真性。由城市历史文化提炼出的城市精神、城市内涵等，对城市品牌竞争力的提升起到了较好的促进作用。对城市的历史景观与历史文化遗产的再开发应基于历史文化事实，在遗产开发和保护上符合国家历史文化保护的认定标准。政府对城市利益相关者的承诺与城市品牌的价值、战略和既定愿景越相符，城市品牌的一致性就越高，则城市品牌越可信。换句话来说，基于历史文化的城市精神、可考证的历史景观、历史遗产的合理再开发、政府能力和落实度、较好的社会效益、品牌行为的一致性等，从城市建构的角度，反映了城市品牌化建设的真实性。认知者对于其与城市品牌关系的真实性感知是产生城市品牌情感共鸣的重要元素。城市品牌所包括的文化习俗、历史传统、地域环境和城市观念等重要信息，形成了区别于其他城市的特殊身份定位和怀旧的情感要素，增加了城市品牌的真实性。基于文化创造城市的发展理念和发展模式，通过内部宣传活动将城市精神等元素与当地居民的需求和行为结合起来，增强公民自我与品牌的协调性，从而形成品牌的社会共识。由此可知，包括情感共鸣、品牌感知及价值行为一致等方面的城市品牌感知真实性，同样也是城市品牌真实性的重要考察要素。

　　城市博物馆对城市品牌原真性、建构真实性的提升，会使得城市品牌感知真实性得到增强。除此之外，为了使城市品牌感知真实性进一步得到提升，仍然需要在文化氛围营造、品牌感知、情感共鸣等方面，增强城市文化吸引力与竞争力，扩大城市文化影响力。城市博物馆的建设，要树立"文化空间"意识，融入城市"文化客厅"理念。首先，要从其建筑设计着手，打造"开放式"文化场所。城市文化是一个城市的独特标识，城市的现代化建设离不开城市的文化灵魂，城市博物馆是城市历史文化的汇集地，是城市文化的展示厅，是城市发展的标志物，是一个庞大的文化复合体。为了增强城市"文化客厅"的理念，城市博物馆应当进行相应的改革。在设计上，城市博物馆要打破以往的封闭模式，多采用开放式的设计原则，如荷兰的阿姆斯特丹国家博物馆，就采用了大量的嵌入式和玻璃墙的设计元素，这样更能让人产生"城市博物馆是城市建设一部分"的认知。健全城市博物馆的基础设施、配套设施、安全设施、便民设施，为人们营造出一种便利、温馨、舒适的文化休闲环境。其次，作为城市"文化客厅"，理应聚集大量的文化场所如艺术中心、文化创意工作室等，形成以城市博物馆为中心的城市文化圣地，增强城市文化的辐射力度，提升城市文化品牌的影响力，潜移默化地提升市民的文化素养。打造地标建筑是城市形象和品牌塑造的常见方式之一。早期城市形象的塑造，更多地集中于景观环境改造、基础设施建设等方面，城市的发展模式趋于相同。

  谈及在打造地标之余，从无实体角度切入，将博物馆品牌融入城市文化，茅馆长认为博物馆作为城市地标建筑与教育、公共文化服务机构的最大矛盾在于，有些博物馆为了追求建筑的标新立异，牺牲了博物馆的功能性。而苏州博物馆在这方面做得比较好。苏州博物馆对外公共文化服务的内容主要表现在苏州博物馆的社会传播、社会教育功能，具体体现在开放服务、开展社会教育活动、布置展览及开发文创这几个方面。茅馆长直言，上述几个方面是苏州博物馆每年都在坚持直接面向公众进行服务的业务，其他相关业务也围绕着这些板块展开。除了这些对外项目外，还有一些配套设施和管理，比如，数字化及内部管理。为了提升效率，苏州博物馆采用项目制的方式推进，并且有研究成果作为支撑。关于教育，苏州博物馆官网上的年报会集中展示每年馆内举办的展览，总数量将近 20 个，主要分为三类：文物临时展览、现当代艺术的临时展览、苏州非遗大师工艺品的展览。许多活动都是通过配套展览推出的，特别是教育活动和文创产品展演。在展览推出后，苏州博物馆会开展相应的讲座、社交课堂、研学项目、与工艺大师互动等活动。现当代艺术展主要围绕美术方面,设计一些互动,甚至会组织一些比赛以扩大影响力。目前,苏州博物馆的教育活动已有 8~10 个品牌。以"画信"活动为例,这是苏州博物馆的年度保留活动,每年一次,由苏州博物馆联合苏州市画信协会和苏州市教育局举办。刚开始举办活动的时候,苏州市画信协会曾提出疑问,大家都在开展画画活动,为何苏州博物馆也要效仿?但在苏州博物馆活动组织者看来,画信和画画不一样,它还包含"信"的功能,除画画之外,还要有一定的文字表达和描述,进而凸显文化内涵,体现差异化。在校园之外,苏州博物馆还建立了志愿者活动与会员活动体系,配合丰富多样的展览,对有志于参加包括讲解在内的博物馆活动的各年龄段的观众都进行细致考量。另外,苏州博物馆突破区域限制,与故宫学院进行联动。苏州市政府与故宫签订了一个框架合作协议,在苏州建立的一个分院——故宫学院,地点设在潘儒巷,于 2014 年成立并对外开放。其所在地还另设一个古籍图书馆,除周一闭馆之外,其他时间都对外开放。故宫学院的师资主要来自故宫,每年借助一部分来自故宫的老师的力量开展有关讲座。故宫学院是苏州公众文化服务的一个亮点。在谈及藏品资源是否可以作为共享资源与"百馆之城"名录中甚至之外的博物馆进行交流的时候,茅馆长给出了肯定的回答。

第三节 "百馆之城"与城市认同

自 20 世纪 70 年代以来,在塑造城市形象、打造城市品牌的浪潮中,博物馆逐渐被打造为城市地标。博物馆似乎成了一个容器,容纳了规划城市布局、吸引旅游消费、打造文化创意空间等诸多期望。客观来说,博物馆建筑本身成为一件艺术品,对于改善博物馆基础设施、提升博物馆吸引力与影响力、丰富观众的参观体验,都具有一定的积极作用。促进经济、社会发展也是当代博物馆承担社会责任的重要体现。在打造城市地标的动力下,博物馆也迎来了前所未有的发展机遇。然而,从博物馆专业发展来看,这种以政治、经济等多元目标为导向的地标式博物馆,过于追求建筑的艺术性与标志性,往往会忽略博物馆作为收藏、研究、展示机构和教育与公共文化服务机构的专业需求。当然,两者在本质上并不存在必然的矛盾。我们并不排斥地标式的博物馆建筑,但前提必须是满足博物馆专业发展与服务社会的功能。

从某种程度上讲,地标式博物馆建筑是可以复制的。就像古根海姆博物馆的全球扩张,每一处都标榜建筑大师与卓越设计。地标式博物馆确实推动了地方经济与社会发展,但无法形塑一个城市独一无二的气质。纽约市博物馆的基本陈列"纽约之核(New York at Its Core)"给笔者留下了深刻印象。这个展览获奖无数,奖项包括 2018 年第三十届美国博物馆联盟卓越展览奖。展览按照时间顺序分为三个部分,由无数个纽约人的故事串联而成,展示了纽约从一个港口城市发展为世界城市的 400 多年历史,探究了城市未来发展的机遇与挑战。在思考城市过去、现在与未来的过程中,展览也定义了纽约的城市个性——金钱、多元、密度、创新,并贯穿展览始终。这样的博物馆和展览,即使建筑中规中矩,依然是纽约城市精神与形象的最佳代言人。从另一个角度来说,一流的博物馆建筑艺术也需要与优秀的展教活动相结合才能相得益彰,成为城市经济和文化发展的持续驱动力。荣获 2019 年度全国博物馆十大陈列展览精品奖的苏州博物馆"画屏：传统与未来"展及往年的"吴门四家"展等就是最好的例子。贝聿铭的建筑艺术可能是吸引许多人来到苏州、来到苏州博物馆的最初原因，但真正吸引人多次走进博物馆的是一场场精彩迭出的展览。

博物馆特别是城市博物馆，既是反思城市历史、记录城市现在、畅想城市未来的地方，也是定义城市精神、认同、特质的地方；既是市民的文化家园，也是迎接外来访客的"城市客厅"；既可以热情拥抱多样文明的到来，也可以将地域文明推广到世界各地。能够实现这些功能的博物馆，无论其建筑是否具有标志性，博物馆本身都会成为城市的文化地标。在我国城市化高度发展的今天，博物馆不应只是塑造城市形象的工具，更应成为城市"文化中枢"，连通城市的过去、现在与未来，连通城市个性与人类文明共性，连通市民与外来访客。博物馆不应只是依靠建筑被打造成城市地标，而要依靠收藏、研究、展示、教育与公共服务，成为城市的文化地标。总而言之，博物馆塑造城市形象，不能仅仅将博物馆当作一件容器，更应该思考这个容器装载的内容。这关键要看博物馆的展览、教育与公共服务能够把城市文化带向何处。在这个过程中，既需要博物馆发挥更强的专业性与能动性，也需要城市规划者更多地倾听来自博物馆的专业声音与受众的反馈。只有这样，才能真正实现博物馆与社会的可持续发展。

苏州博物馆的"馆长致辞"里提到，苏州博物馆的宗旨是要"有利于百姓的文化享受、社区居民的民生需求"。社会教育活动是非常重要的，那么在与学校、社区或者某些特定群体对接时，苏州博物馆是如何进行的？茅馆长介绍道，主要以苏州博物馆为主进行活动的交涉与接洽。就画信活动而言，与苏州市教育局一年合作一次，当时领导很重视这个活动，所以推进得也比较顺利。此外，由苏州市文明办牵头，联合博物馆，将苏州一卡通功能活化，包含学生证在内，方便孩子们在社会实践期间到博物馆学习"打卡"。活动伊始，以社会实践基地出具问题、孩子们回答的方式进行"打卡"，但逐渐发展至答题的"消极怠工"。而不同于其他社会实践基地采取的较为被动的处理方式，苏州博物馆在活动执行方面，要求孩子们亲自来实践而非由大人带领，这一改变起初并没有得到家长的认同。后来，苏州博物馆自创系统性课程，结合非遗等文化亮点进行知识讲解，将参观、上课、互动整体纳入活动实践的考核体系中。博物馆一开始是将研究和收藏放在首位的，大约在 2007 年国际博物馆协会才对"博物馆"重新做了定义，把社会教育功能放在了首位。苏州博物馆一开始没有涉及公众社会教育，当时只有展览、展陈和艺术商店，后来根据社会教育功能逐步开展教育活动。设在忠王府的两间教室，可供二三十个孩子上课。此外，苏州博物馆也会与企业、养老院、特殊学校进行一些对接，开展一些特定的活动，送出优质课程服务，进而突破博物馆体量对受众的限制，实现公共文化服务均等化。对于听障人士这一特殊群体，苏州博物馆配有具备手语技能的讲解员和志愿者进行手语讲解。苏州博物馆内还设有残疾人无障碍通道。当残疾人有特殊需求时，会及时安排相关人员为他们服务。还是以画信活动为例，在请聋人小朋友做画信解读的时候，会辅助安排手语老师在旁边做翻译，并对以盲人小朋友为代表的感官能力不一的受众，设置更多的触摸文物类的体验，如瓷片、陶器、瓷器等，再给他们做一些讲解，帮助盲人小朋友更好地理解知识。可以说，苏州博物馆在整个苏州的博物馆界是领头羊。

笔者总结了苏州地区博物馆的发展劣势，并对未来发展提出一些建议。首先，苏州地区多数博物馆的商业价值不高，缺乏与当地旅游业的深度融合，没有形成完整的运营模式。大部分博物馆依旧保持着文化传播和教育的职能，但是对文旅融合发展背景下的商业职能开发得并不多。观众的看展方式只是简单地观赏展品和听讲解，对于博物馆自身的产品没有过多关注。其次，苏州大多中小型博物馆的文创产品开发程度低，缺少个性化的文创 IP，缺乏创新创意，未顺应"互联网+"的发展趋势，依旧保持着线下售卖文创产品的模式，并且线下产品同质化程度较高，这些中小型博物馆都没有发掘出独特的 IP，也没有打通线上的营销宣传方式，宣传效果不明显。苏州博物馆的线上营销模式可以供其他博物馆借鉴。最后，博物馆开发程度不够，多数博物馆展览内容相似，馆与馆之间差异性不明显。有很多以丝绸和名人纪念为主题的博物馆，展览形式和内容具有较多的相似性，无法给观众带去差异化、沉浸式的参观感受。

在文旅融合发展的背景下，博物馆作为重要的文化教育宣传场地，应该积极顺应这样的发展趋势，将博物馆文化与旅游相结合，积极转变观念，改变过去单一的思维方式，加强与旅游部门合作，学习其发展经验，寻求适合自身发展的新路径。重视消费群体之间存在的需求差异，进行有针对性的个性化博物馆文创产品开发,以突出博物馆文创产品的独特性,吸引更多消费者购买。开辟博物馆文创产品"互联网+"开发新路径,结合互联网的特征与优势,实现博物馆文化资源的共享、文创产业的连接与融合、文创产品开发的生态化构建。"互联网+"与博物馆文创产品设计的融合趋势是互动分享、平台联合及品牌助力。博物馆应利用新媒介,进行资源整合,在地域文化背景与博物馆体系下,对博物馆地域文化及馆藏文化进行研究,打造博物馆自身的特色文化,设计出异于其他博物馆的创新点,主要是基于展出方式和对外宣传方式的改变,引进高科技,如 AR 和 VR 等,丰富观众的沉浸式体验感。

结语　江南文化中的『百馆之城』博物馆

2021年1月,"百馆之城"品牌推广活动正式启动,这也符合苏州市"十四五"规划中关于深化"百馆之城"建设并推动文化产业高质量发展的要求。站在"十四五"的起点和"江南文化"品牌建设的大旗下,"百馆之城"的知名度如何扩大是迫切需要解决的现实问题。为了扩大"百馆之城"品牌的知名度,提升品牌传播效能,使其成为"江南文化"品牌的有机组成部分,本研究综合利用了数字人文传播、品牌整合营销传播、新媒体矩阵等理论,对苏州"百馆之城"博物馆新媒体品牌传播进行了背景分析、现状归纳、问题诊断及策略分析。

在综合考量新媒体账号布局、更新频率、传播效果、新技术使用等指标的基础上,苏州市现有102家博物馆的新媒体矩阵可被划分为四类,即全媒体传播、选择性传播、基础性传播与缺位传播。此外,作为影响博物馆形象的重要因素,大众的口碑传播及博物馆的新技术使用状况也在对博物馆现状的归纳部分得到了重点体现。

基于对博物馆现状的充分调研和分析,目前苏州市各博物馆在新媒体传播方面主要存在以下问题。首先,"百馆之城"总品牌传播尚未到位,目前还主要停留在政府文件层面,缺乏统一的符号标识及信息查询渠道,辨识度较低。在网络中搜索,重庆和沈阳的"百馆之城"与苏州"百馆之城"也时常同屏出现,不利于苏州抢占品牌传播先机。其次,各博物馆品牌传播观念比较保守,过度重视陈列展示而忽略了新媒体宣传工作,未认识到新媒体传播的必要性,进而造成了新媒体布局疏密不一,内容和数量失衡,甚至多达78家博物馆出现了缺位传播的问题,以及大量新媒体账号存在断更、停更现象。在整体传播效果上,粉丝活跃度不高,传播质量参差不齐,这和博物馆在新媒体传播中大量使用的报道式、叙述式语态有关,不符合平台特征和受众的阅读习惯。但从客观上来说,博物馆新媒体传播中出现的种种问题也与博物馆新媒体人才缺乏、传播技能单一有关。各博物馆的人员结构以专业的文物与博物馆学人才为主,在职人员年龄普遍偏大,新媒体运营多为兼职,且缺乏新闻传播学相关的学科背景,导致内容创新性较低、吸引力不足,受众互动意愿不强,也难以获得平台的流量。

针对上述问题,苏州市各博物馆需要在以下方面进行改进。

第一,"百馆之城"作为一个整体的品牌被提出,需要打破只停留在政策文件中的尴尬局面，应借助各种设计和传播手段，形成自身独特的区分度与辨识度。因此，打响"百馆之城"总品牌，完善博物馆总入口平台是首要任务。"百馆之城"需要以浓缩了江南文化和博物馆形象的标识为品牌标识，同时打造完善的新媒体矩阵，提供一体化服务，利用社交媒体的话题功能进行互动和推广，增强品牌的可见性。

第二，在"百馆之城"总品牌下，各个博物馆也需要注重新媒体矩阵分级分类建设，结合自身体量、人力资源、财力等现实状况，选择合适的新媒体渠道，实现多平台分发与差异化运营。推进各博物馆加紧建设微信公众号、官网等，并为其提供基础服务的平台，同时运用口碑传播手段，维护和提升博物馆媒介形象。在新媒体运营时需要兼顾内容运营、渠道运营、用户运营和产品运营，各博物馆新媒体账号也应统一接入"百馆之城"总入口，构建总—分式的布局结构。面对人才短缺的现实困境，政府也需要给予一定的政策扶持，进行人才引进和宣传教育，促进博物馆与高校之间的合作。

第三，新媒体矩阵需要由完善的内容生产和优质的传播质量来承接。对于苏州市各博物馆而言，在新媒体传播方面或许正面临愿景强烈但内容生产能力欠缺的困境。因此，苏州市各博物馆仍需要进一步挖掘馆藏资源，确定自身的风格定位，发挥品牌优势，着眼于博物馆的突出亮点及其与江南文化结合的部分，实现差异化传播。在内容生产过程中，可以综合利用图文、视频、声音等多媒体形式，结合时下热门的VLOG、直播、沉浸式"剧本杀"等新形态，提升内容的吸引力。此外，还可以借鉴故宫博物院的新媒体传播策略，转变传播语态，注重挖掘细节，走进公众生活，实现从他者建构到自我建构的转变，中和严肃的氛围，实现传统文化的现代化表达。

第四，随着"数字博物馆""虚拟博物馆""智慧博物馆"等概念的出现，博物馆媒介传播与线下体验也应该积极拥抱新技术，提高数字化和信息化水平。博物馆行业的数字化改革体现在多个维度，从藏品与展览的呈现到服务与传播渠道的拓展，再到文创产品开发、受众意见反馈等博物馆建设的方方面面。新技术的赋能不仅可以提升博物馆的服务效能，增强沉浸式互动体验感，也可以为博物馆文化创意产业的进一步发展提供新契机。一方面，苏州市各博物馆需要利用现代视听技术完善数字服务功能，重新打造用户体验艺术、文化遗产和历史事件的方式，包括建设数字展厅、运用 VR 与 AR 技术优化展览、打造互动游戏、开设线上直播课程、完善语音讲解服务等；另一方面，大数据分析技术也为博物馆的管理和决策提供了强有力的技术支撑。借助新媒体平台的流量入口及其对用户行为数据的记录、跟踪、分析，博物馆机构不仅可以充分开发预约服务和实时流量监测服务，利用后台数据评估现有方案，改善用户体验；还可以通过算法的智能匹配，精准定位潜在用户，满足用户的多样化需求。

第五，品牌传播虽然着眼于"传播"，但要想获得可持续发展的品牌效应，还是要立足于博物馆自身的建设、运营和管理，完善线下服务，承接线上宣传效果。在"聚焦创意设计跨界融合"和"文体旅融合发展"成为重点任务的背景下，"百馆之城"的品牌建设也需要嵌入特色文旅路线，拓宽博物馆边界。目前，苏州市文博场馆通过不断探索文旅融合、跨界创新，策划了"流动的博物馆专线"和"姑苏夏夜·博物千年"博物馆夜游等一系列文旅活动。在不久的将来，依托于 102 家博物馆深厚的文化资源优势，可以进一步开发特色主题文旅路线，如探索古城苏州来龙去脉的历史之旅、探访革命历程和思想轨迹的奋斗之旅、领略"姑苏韵味"琴棋书画的文艺之旅、感悟巧夺天工匠人精神的手工艺之旅、深访苏式生活的民俗文化之旅、铭记苏州人物风华的名人之旅等。此外，还可以借助得天独厚的地理优势，联动区域内各大景区，打造"头部带动，文化勾连"的博物馆文旅生态。在文创产品的开发方面，也需要顺应"跨界""国潮"等趋势，积极探索并整合营销模式，形成完善的产业链。"百馆之城"的建设也不应局限于有形的"馆"。在"无界博物馆"理念的指导下，博物馆应该融合在城市、社区和各行各业里，文化展览的边界可以突破至线上，以及线下交通枢纽、酒店、景区、街道、学校、商业综合体等。将博物馆融入公共文化服务体系中，让博物馆不仅成为旅游的一次性目的地，而且嵌入市民的日常生活之中，成为教育、研学、休闲娱乐的重要场所，从而扩大博物馆的综合影响力。

参考文献

1. 陈怡宁，李刚. 空间生产视角下的文化和旅游关系探讨：以英国博物馆为例［J］. 旅游学刊，2019（4）：11-12.

2. 孙权. 北京都市空间与历史文化记忆：数字时代的首都博物馆［J］. 华南师范大学学报（社会科学版），2019（2）：24-30，191.

3. 王夏歌，林迅. 时空建构与时空渗透：论博物馆文化传播的媒介技术逻辑［J］. 艺术百家，2020（5）：55-60，126.

4. 郑奕. 博物馆提升城市软实力研究［J］. 东南文化，2019（4）：121-128.

5. 杨文英. 论博物馆在城市建设发展中的功能与作用［J］. 博物院，2021（3）：89-94.

6. 梁美恋. 当代博物馆建筑与城市文化之间的关系研究［J］. 科技创新导报，2019（25）：245-246.

7. 杜梅. 博物馆的社会责任与城市文化［J］. 文物鉴定与鉴赏，2021（5）：163-165.

8. 严建强，梁晓艳. 博物馆（MUSEUM）的定义及其理解［J］. 中国博物馆，2001（1）：18-24.

9. 严建强. 现代化与世界博物馆运动［J］. 中国博物馆，1994（2）：79-83.

10. 褚德彝题跋《话雨楼碑帖》［EB/OL］.（2021-05-31）［2022-11-05］. http://www.hollypm.com.cn/Search/LotShow.aspx?AID=88210.

11. 俞琼. 张廷济的一件手迹［J］. 收藏家，2013（5）：53-54.

12. 唐莉. 清代江南乡镇文人集群与诗歌总集研究：以苏州府为中心的讨论［D］. 苏州：苏州大学，2018.

13. Tula Giannini, Jonathan P. Bowen. Museums and Digital Culture: New Perspectives and Research［M］. Berlin: Springer, 2019.

14. 宋金淼. 基于Android博物馆文物数字化管理系统［D］. 银川：北方民族大学，2014.

15. 吴力斌. 互联网语境下的红色纪念地信息化实践与探索：以刘少奇同志纪念馆为例［J］. 博物院，2021（3）：33-40.

16. 肖巍. 导视系统符号元素研究［J］. 包装工程，2012（20）：136-139.

17. 王敦琴. 新时代公共博物馆的使命［EB/OL］.（2021-03-25）［2022-12-20］. https://m.gmw.cn/baijia/2021-03/25/34714214.html.

[18] 孙奇. "微信+二维码"导览在中小博物馆展览信息服务中的应用[J]. 无线互联科技, 2019（9）: 142-144.

[19] 岳顶聪. 博物馆数字化展示的交互体验研究[D]. 深圳: 深圳大学, 2018.

[20] 闫宏斌. 论故宫特展语音导览服务的创新[J]. 博物院, 2018（6）: 102-106.

[21] 蒋菌, 茅艳. 浅谈二维码识别技术在博物馆中的应用[J]. 苏州文博论丛, 2012: 217-220.

[22] 黄维尹. 博物馆公众服务中新媒体技术的应用研究: 基于微信小程序的分析[J]. 博物馆管理, 2020（3）: 90-96.

[23] 晏茗. 虚拟现实AR技术在智慧博物馆中的应用[J]. 电子技术, 2021（9）: 194-195.

[24] 童茵. 数字展示与实体展览多元融合设计的探索与实践: 苏州博物馆"数字画屏"创新实例[J]. 科技与创新, 2020（16）: 148, 151.

[25] 邓元兵, 李慧. CIS视角下抖音短视频平台的城市形象塑造与传播: 以重庆市为例[J]. 浙江传媒学院学报, 2019（2）: 90-101, 138.

[26] 彭靖里, 安华轩. 论中国城市形象建设中的若干问题[J]. 昆明理工大学学报, 1997（5）: 122-126.

[27] 刘易斯·芒福德. 城市发展史: 起源、演变和前景[M]. 宋俊岭, 倪文彦, 译. 北京: 中国建筑工业出版社, 2005.

[28] 路鹃, 付砾乐. "网红城市"的短视频叙事: 第三空间在形象再造中的可见性悖论[J]. 新闻与写作, 2021（8）: 59-67.

[29] 许加彪, 王博. 城市形象主题口号的话语修辞与品牌营销研究[J]. 现代传播: 中国传媒大学学报, 2019（1）: 137-141.

[30] 苏云, 张庆来. 基于CIS理论的图书馆形象塑造与传播研究[J]. 兰州大学学报（社会科学版）, 2014（3）: 157-163.

[31] 杨琳, 李佳欣. 影像·符号·重塑: 短视频与城市形象传播: 基于西安城市形象"网红"化的分析[J]. 中国新闻传播研究, 2020（4）: 30-45.

[32] 清华大学城市品牌研究室. 短视频与城市形象研究白皮书[EB/OL]. （2018-10-12）[2022-08-15]. https://www.thepaper.cn/newsDetail_forward_2524573.

33. 汉雨棣，刘子义，裴鑫. 公众参与下城市"神话"的建构：以小红书 UGC 短视频中的长沙形象建构为例［J］. 新媒体研究，2021（19）：10-19.

34. 朱婷婷，朱云清，朱颖蕾，等. 杭州市独立书店的生存现状以及发展前景的调查［J］. 经贸实践，2018（18）：4-6.

35. 徐望. 城市区域书店的功能价值回归研究［J］. 出版科学，2018（6）：82-84.

36. 周正. 新媒介语境下城市"可参观性"文化的呈现与传播［J］. 呼伦贝尔学院学报，2017（1）：100-103.

37. 高燕. 视觉隐喻与空间转向：思想史视野中的当代视觉文化［M］. 上海：复旦大学出版社，2009.

38. 郑可然. "台阶"意象的三层隐喻［J］. 华夏教师，2019（9）：45-46.

39. 陈紫薇. 西西弗书店的"广告 3.0 时代"［J］. 新闻世界，2013（11）：132-133.

40. 陈寒松，林晨. 民营实体书店创新商业模式的案例研究及设计：以宁京杭三家书店为例［J］. 山东财经大学学报，2015（3）：76-83.

41. 吴清友. 我与诚品书店的 25 年［J］. 青年与社会，2017（24）：30-33.

42. 况娟. 诚品的价值选择［J］. 21 世纪商业评论，2017（8）：26-27.

43. 董轩. 西西弗的书店"神话"［J］. 商周刊，2015（15）：53-55.

44. 何志方. "互联网+博物馆文化"的创新传播：媒介、情景和行为［J］. 神州，2020（5）：33.

45. 魏鹏举. 文化创意产品的属性与特征［J］. 西江月，2010（20）：54-58.